蒲團子 著

陳攖寧仙學隨談 叁

心一堂

書名：**陳攖寧仙學隨談 叁**
作者：蒲團子
責任編輯：陳劍聰

出版：**心一堂有限公司**
通訊地址：香港九龍旺角彌敦道610號荷李活商業中心十八樓05-06室
深港讀者服務中心：深圳市羅湖區立新路六號羅湖商業大廈負一層008室
電話號碼：(852)90277110
網址：publish.sunyata.cc
電郵：sunyatabook@gmail.com
網店：http://book.sunyata.cc
淘寶店地址：https://shop210782774.taobao.com
微店地址：https://weidian.com/s/1212826297
臉書：https://www.facebook.com/sunyatabook
讀者論壇：http://bbs.sunyata.cc
版次：二〇一九年四月初版
平裝
定價：港　幣　一百四十八元正
人民幣　一百二十八元正
新臺幣　五百九十八元正
國際書號：ISBN 978-988-8582-63-1

香港發行：**香港聯合書刊物流有限公司**
地址：香港新界大埔汀麗路三十六號中華商務印刷大廈三樓
電話號碼：(852)2150-2100
傳真號碼：(852)2407-3062
電郵：info@suplogistics.com.hk

臺灣發行：**秀威資訊科技股份有限公司**
地址：臺灣臺北市內湖區瑞光路七十六巷六十五號一樓
電話號碼：+886-2-2796-3638
傳真號碼：+886-2-2796-1377
網絡書店：www.bodbooks.com.tw
臺灣秀威書店讀者服務中心：
地址：臺灣臺北市中山區松江路二〇九號一樓
電話號碼：+886-2-2518-0207
傳真號碼：+886-2-2518-0778
網絡書店：www.govbooks.com.tw

中國大陸發行　零售：**深圳心一堂文化傳播有限公司**
地址：深圳羅湖區立新路六號羅湖商業大廈負一層008室
電話號碼：(86)0755-82224934

善的十條真義

學理重研究不重崇拜
功夫尚實踐不尚空談
思想要積極不要消極
精神圖自立不圖依賴
能力宜團結不宜分散
事業貴創造不貴模仿
幸福講生前不講死後
信仰憑實驗不憑經典
住世是長存不是速朽
出世在超脫不在皈依

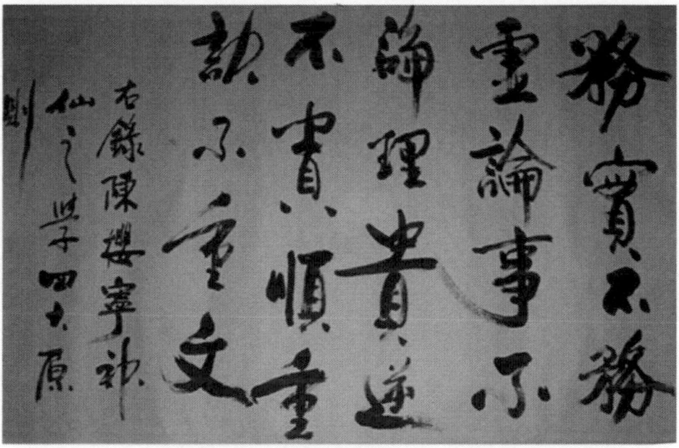

神仙學術四大原則

務實不務虛

論事不論理

貴逆不貴順

重訣不重文

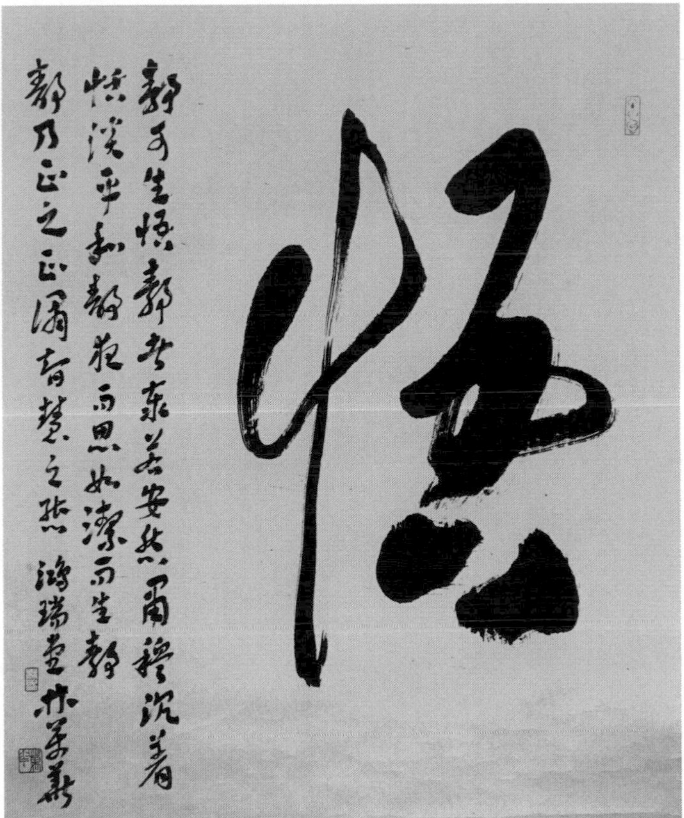

悟

（法書華萬林）

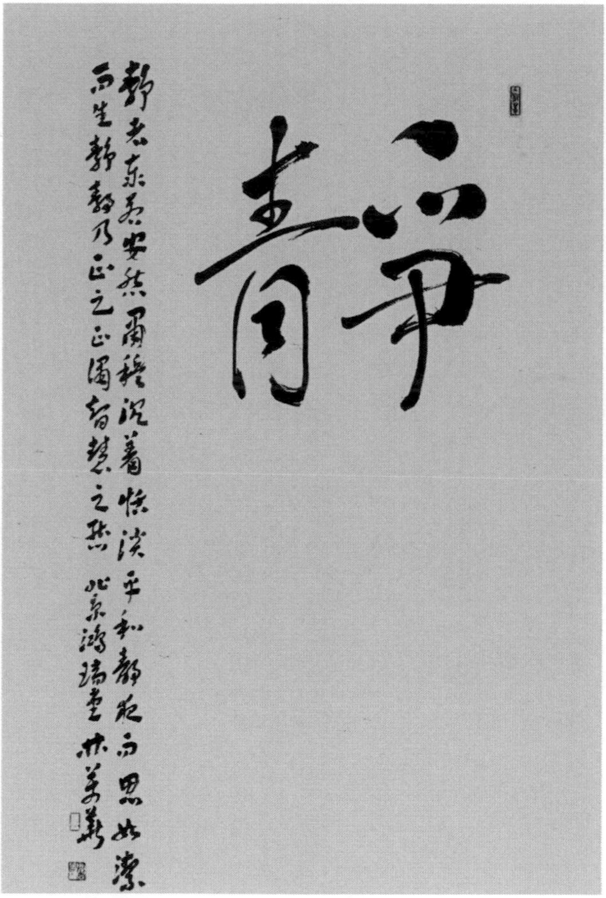

靜
（法書華萬林）

自序

在陳攖寧仙學隨談・壹的首篇文章「陳攖寧仙學」的由來及內容一文中，我對「陳攖寧仙學」一詞的來源作了簡單的介紹，並將「陳攖寧仙學」定義爲「以陳攖寧先生重科學、重研究、重實踐的思想爲主要依據，以三元丹法、中醫針藥、內家拳法爲主要內容，通過人體自身的真實修煉，以期達到生命極致的學問」。故凡與此概念相符的內容，我都將其歸於「陳攖寧仙學」範疇。陳攖寧仙學隨談系列叢書之命名，即緣於此，並不完全以陳攖寧先生著述研究爲主。此系列叢書，是我平日學習修養之道的一些讀書筆記、與同道之間的交流，以及對一些問題的思考。部分內容之初稿，曾於「存真書齋博客」與「存真書齋微信公眾平臺」、「柱下文化微信公眾平臺」公開發表過，經修改後，合集出版。

本書是陳攖寧仙學隨談系列的第三册，收錄了我從二〇一五年年底至二〇一九年年初撰寫的相關文章。全書分爲三個部分：一爲「學理研討」，主要是對仙道理論知識的一些思考與探索；二是「實修探微」，主要是一些具體修煉內容的經驗總結及研究；三是「仙道答問」，是這些年來與同道之間關於修養學問的各種交流。學理研討、實修探微兩章，按討論話題排列；仙道問答一章，按時間順序排列。

本書是我對仙學的一些思考與看法，公開出版，僅是爲熱愛此道之同好提供一些思考而已。感謝篆刻家、書法家林萬華先生爲本書題寫書名並題字，感謝柱下文化傳播（北京）有限公司王磊先生撥冗審稿，還要特別感謝香港心一堂出版社與陳劍聰先生爲本書出版提供的幫助。

二〇一九年三月八日農曆己亥年二月初二日蒲團子於玄玄居

存真書齋微信公衆號

柱下文化微信公衆號

目錄

學理研討

丹道也需要懷疑精神

顧頡剛先生在懷疑與學問一文的開始，引用了一句宋代理學大師程頤的話：「學者須要會疑。」這裏的學者，不是指今天所謂在學術上有一定成就的「學者」，是指「學習者」。顧頡剛先生也說：「對於別人的話，都不打折扣地承認，那是思想上的懶惰。這樣的腦筋永遠是被動的，永遠不能治學。」

丹道，從古到今都是一門神秘的學問，一直只在民間流傳。雖然現在一些有學界身份的人也在研究丹道學問，但丹道真正的內容，還主要流傳於民間。

丹道起源很早，說法很多，方法、流派更是多不勝數。這也經常會引起正邪之爭、真僞之辯。更有一些貪名圖利之輩充斥其間，利用丹道的名義求名爭利。所以，丹道學問，一直呈現泥沙俱下、正邪相雜、真僞共存的局面。雖然歷代都有人進行破迷返正、辨僞存真的工作，但由於歷史的局限，一些內容根本無法釐清。故，對丹道學問中的某些問題產生合理的懷疑，是很正常的事情，也有益這門學問的發展。

丹道的目的

丹道，簡單地說，就是煉丹之道。煉丹的目的，就是服食成仙。成仙，即長生不死。服食是早期丹道的說法，即所謂外丹服食、神丹服食之類。後世因爲外丹服食繁難、成功率低，故而傾向內丹修煉。內丹修煉，其實也應該稱之爲「服食」，但因其無形迹可見，故而慢慢只有「內丹」之名，而無「服食」一詞了。

內外丹法，雖然形式不同，但目的是一樣的，即成仙。歷代典籍，傳說故事，逸聞奇事，常有成仙的記載。在丹道流傳過程中，得道成仙之人的傳聞也比比皆是。但如果我們認真地去分析每種記載的文字，就會發現很多成仙的事迹都有值得討論的地方。而這些所謂的成仙者，也由最初的五龍捧聖、白日飛昇、拔宅飛昇，慢慢演變爲陽神出殼、身外有身，又慢慢轉變爲坐脱立亡、身體不倒，又慢慢轉變成爲死後成仙、無跡可尋。也就是說，從明明白白、有目共睹的飛昇式、陽神式成仙，慢慢變成了無法目睹的坐亡式、死後式成仙。這就不免讓人懷疑，人究竟能不能成仙？以致現在的學術界，將丹道文化的成仙學說，認定爲信仰。而一些民間丹道的研習者，也因爲成仙證據不足，故稱學習丹道必須有堅定的道教信仰。

丹道成仙究竟是信仰還是事實？這個問題頗不容易回答。從現在對丹道的研究成果來看，很多丹道方法，都有一定的科學道理，也有一定的醫學、養生方面的效果。正確地研習丹道，對人的身體與心理都有良好的調節作用。甚至，從一些醫學科研報告中也可以發現，一些修習類似丹道方法的人，他們的生理、心理活動，都有一定的良性變化。可以說，正確合理的丹道方法，對人的身心健康是有益的。至於丹道修煉是不是可以達到長生不死、成仙的境界，現在的研究很難作出確切的答案。而根據現有的一些科學知識可以得知，丹道方法對人體生命延長有一定的幫助。胡海牙老師曾有一句話：「人有必然延壽之法，難防意外事故之變。」其中「必然延壽之法」，就是指陳攖寧仙學，包括三元丹法、中醫針藥與內家拳養生法。其中三元丹法，也就是所謂的丹道。

關於丹道與信仰的問題，我以前曾寫過一些文字。我認爲，丹道有其很科學的地方，其中涉及宗教信仰的部分，應該是丹道的糟粕。只有去掉這些糟粕，丹道真正有益人體的部分纔會發揮更明確的作用。這裏所謂的去掉糟粕，是針對那種認爲「丹道必須要有道教信仰」者而言。因爲丹道與宗教信仰沒有必然的關係。

宗教信仰並不是什麼不好的東西，其中也有科學的內涵。但科學的東西，不應該附會於宗教信仰之下，而失去其真實意義。隨着科學的進步，丹道學問中科學的內容會被更多地發現，這是必然的。所以，研究或是修習丹道，可以有宗教信仰，也可以沒有宗教信仰，不必勉强地將丹道與道教信仰捆綁在一起。

至於成仙之說，我很希望這是事實。但從古到今的資料中，很難有讓人信服的證據。所以，我在定義「陳攖寧仙學」的概念時認爲，「『陳攖寧仙學』，是以陳攖寧先生重科學、重研究、重實踐的思想爲主要依據，以三元丹法、中醫針藥、内家拳法爲主要内容，通過人體自身的真實修煉，以期達到生命極致的學問」。在我自己設定的研究體系裏，丹道屬於「陳攖寧仙學」的一個部分，是專門成就「仙」的内容。丹道的最終目的，也很可能是「以期達到生命的極致」。這個「極致」是否即「仙人」，現在還無法確定。這個結果，是我從對前人一些記載的懷疑中得出的。

我不能否認成仙之事的存在，但對以往成仙的記載，基本上持懷疑態度。至今如此。

丹道的師承

丹道從古重師承，並有「性須自悟，命靠師傳」之訓。丹道的核心内容——口訣，也必須真師口口抉破。丹道從最初就是一門隱秘的學問，雖然早期的修煉者也稱學有師授，但在傳承上，往往會用一些神秘的傳說來掩蓋真相，讓他們的傳承顯得撲朔迷離。

丹道家往往祖述軒皇，並將黃帝崆峒問道廣成子視爲丹道之開端。然而，廣成子之師爲何人，以及之前的傳授情形如何，不得而知。按南懷瑾的說法，「廣成」有「集大成」之意。而司馬遷認爲，「黃帝者，學者之共術也」。我認爲，丹道是先輩們因爲生命苦短而總結出來的一種對應之辦法。也就是說，黃帝問道廣成子，不必定確有事實，只是說明在那個時期，這種學問趨於成熟而已。廣成子的老師，無可考證，軒轅黃帝的丹道傳人也無法確定。而黃帝問道之崆峒，也有爭議。所以，雖然歷代丹道家都祖述黃帝，但其間的傳授，除了一些神話故事、民間傳說外，並沒有清晰的譜系，更沒有可靠的資料記載。

被後人譽爲「萬古丹經王」的周易參同契，其作者東漢魏伯陽雖也主張「因師覺悟之」，但其師從誰氏，其弟子爲何人，也有不同的說法，且無具體、明確的傳承體系流世。與周易參同契齊名的悟真篇一書，作者紫陽真人張伯端字平叔，僅言其成都遇真人授訣，也未曾明示「真人」是何人。後世稱張伯端師從劉海蟾，大約是受了陸思誠陸彥孚記的影響。據陸彥孚記載，陸思誠之父得受悟真篇一書，其幕府王箴字袞臣言其兄王沖熙當日曾師從劉海蟾學習金丹之術，且王沖熙曾說過「舉世道人無能達此者，獨張平叔知之」。後來有人傳授陸思誠金丹之術時，謂張平叔「得之成都異人者，豈非海蟾耶」。其原因是「沖熙成丹之難，及於世之道人者，無所許可，惟平叔一人而已」。也就是說，後世之所以認爲張伯端成都所遇者爲劉海蟾，是因爲王沖熙曾師從劉海蟾學習過金丹之術，而王沖熙說過，世間學道之人没有能懂金丹之術者，只有張伯端一人知道。張伯端自己並未說明其丹法得之於何人，王沖熙亦未曾提到張伯端丹法得之於劉海蟾。後人僅因爲王沖熙許可張伯端，而王沖熙曾從學於劉海蟾，遂認定張伯端亦從學於劉海蟾。這種推理，很是牽强。

與張伯端師承相仿的，還有近代重慶銅梁銀道源之西派。銀道源等人遇到一位名喚李真一的人給他們講授三車秘旨三天。李真一走後，銀道源等人「細思其名，得先天之真而合一者，仙也，非涵虛祖師而何」，故認定李真一即是李涵虛，遂以西派自命。顯而易見，這是附會之說，强認李真一爲李涵虛也。

張伯端所傳，被後世稱爲南宗。張伯端傳石泰字得之，世稱石杏林，石泰傳薛式號道光，又號道源，世稱薛道光，薛式傳陳楠字南木，世稱陳泥丸。陳楠以前，均爲一脈單傳。至陳楠，又得雷法傳授。據資料記載，自陳楠開始，徒衆始多。陳楠有徒四人，白玉蟾最著。白玉蟾，本姓葛，名長庚，字如晦，其號衆多。自白玉蟾始，不僅繼承了陳楠的南宗一脈，也繼承了其雷法，還有外丹方面的著作地元真訣地元真訣是否白玉蟾所著，有爭議。另外，世傳有署名「張伯端」的外丹方面文字，是否張伯端親著，或者張伯端的外丹學問是否流傳後世，也需要考證。故白玉蟾的外丹學問是否與張伯端有關，尚無定論等。此支在白玉蟾時代已形成教團，而非純粹的丹道修煉體系。張伯端、石泰、薛式、陳楠、白玉蟾被後世稱爲「南五祖」，而其修煉方法，至陳楠爲一變，至白玉蟾爲二變。南宗傳承，從此不顯。後人每稱爲南宗法脈，然而南宗丹法自白玉蟾後已無清晰傳承。這裏是說丹法，不是宗教傳承。至於南宗方法，更是眾說紛紜，根本無法認定。

北派的王重陽得鍾離權、呂洞賓二仙傳道，東派的陸西星因呂祖降乩而自成一家，難免神話。西派的李涵虛既遇呂洞賓、陸西星，又遇張三丰，更遇孫教鸞一支鄭樸山，而「四真」與李涵虛所處年代，均不相符。李涵虛又自立西派，其自述之傳承，也難免有神話成分。

現在也經常有神傳、仙授乃至夢授之類的故事發生。除了一些是精神狀態出了問題外，大多數是編織的故事，或者是謊言。神授、仙授、夢授之類，不管出於什麼目的，在古代社會可以理解，但在現在社會，則需要重新審視。隨着現代化身份認證系統的完善，神授、仙授、夢授、極高齡修士傳授等，至少會越來越少。這些傳授方式，慢慢要經過科學的檢驗，講故事者的空間會越來越小。

無論是古代還是現代，注重師承，不僅是對前賢的尊重與紀念，也是對學問的保護，同時還可提示此種學問其來有自。古今中外，很多藝業都有師徒傳承的慣例。特別是技術行業，如工匠、醫生等職業。而學術界也有學有所出之例。比如某某爲某某之學生，也是一些研究者比較注意的信息。可以說，師承文化是傳授學問精髓的一種有效方式。

丹道是隱秘文化，早期的傳承多是一脈相承。一脈相承的結果，很大程度上能保證學術的完整性與純粹性。隨着時代的變化，傳承中會有融合與分歧出現，原有的學術會產生新的變化。雖然這門學問現在依然重視師傳口授，但慢慢已由盲目地奉行，向科學、理性的研究轉變。除了方法的可行與否外，傳授者的身份越來越難作假。在具體修煉上，不僅僅停留在師承何人的層面，更要看所承續的內容是什麼，其可行性如何。一些方法，如「龍虎三家」邪術，根本用不着去深入研究其方法的正確與否，其表層的東西已經觸犯了文明社會的律法。既不可行，還要負法律責任。所以，我們今天雖然也要尊重師承形式與傳授，但更要關注其傳授的內容。否則，師承只能作爲一種自我標榜的形式存在，而失去了其傳授學問真髓的意義。

丹道的書籍

丹道本是隱學，不是普渡的學問，故自古重師訣而輕文字。被譽爲「萬古丹經王」的周易參同契一書，是早期純粹的丹道經典，也有人認爲其是最早的丹道經典。魏伯陽著述周易參同契一書時云：「竊爲賢者談，曷敢輕爲書。若遂結舌瘖，絕道獲罪誅。寫情著竹帛，又恐泄天符。猶豫增太息，俯仰輒思慮。陶冶有法度，未忍悉陳敷。略述其綱紀，枝葉見扶疏。」也說明了早期丹經著作的一些具體情況。當然，魏伯陽在書中也明確地說：「素無前識資，因師覺悟之。」這也申明了丹道必須師傳的傳統。

自周易參同契之後，丹道著作層出不窮，作者的目的也各有不同。陳攖寧先生仙學必成一書曾云：「道書雖不可讀，却不可盡信。有些道書是冒名僞託的，根本就無價值原注：僞託書中亦有好材料，要自己善於識別；有些道書的作者，對於此道並未十分透徹，竟大膽地做起書來，貽誤後學；有些道書，別有作用，做書的意思是要給當時幾個富貴人看的，並未曾替普通人設想；有些道書，故意閃爍其辭，指鹿爲馬，不教人識透其中玄妙；有些道書，叠床架屋，頭上安頭，節外生枝，畫蛇添足，分明一條坦途，偏長出許多荆棘；有些道書，執着這面而攻擊那面，或是篤信那面而不信這面，豈知實際上做得好，兩面俱能有成，非如水火冰炭之不能相容。設若盡信書，反誤了大事。」這段話，幾乎將世間丹經道書的現狀概括殆盡。

歷代丹經，託名者頗多。有託名傳說中的神仙真人者，有託名祖師者。託名的目的，是爲了取信於讀者。如呂洞賓、張三丰，就常被後人託名。這些僞託之書，有的來自乩壇，通過乩手間的相互協作而成書，如陸西星等人鈔錄的三藏真詮一書，又如醫道還元。這兩種書雖是乩壇託名之書，但內容相當可觀。又如託名呂洞賓所著的太乙金華宗旨，雖內容頗有獨特之處，但後世對其亦有不同認識。有的則是直接託名，如金丹節要本是房中下乘採補之書，作者託名張三丰，以致後人將此書認作內丹工夫中的陰陽法，混亂丹道。當代也有託名呂洞賓、柳華陽等人者。所以，凡是題署某仙某真某祖的著作，不僅要看其作者何人，更重要的是看其內容如何，不可輕信「祖師」。

有些所謂的丹經，本來就是有特別目的的。如明代孫汝忠的金丹真傳，其目的就是要他人爲其籌巨資。所以其在序文中編造了一大套故事，目的就是讓人「做功德」。三四百年後的現代，同樣有一位傚法孫汝忠之舉的學術界「丹家」，用相似的方法，尋求「億萬富翁」，而竟然真有被其玩弄於股胯間之「大富豪」。

丹經自古就有内丹、外丹之分，内丹有陰陽與清淨之分，外丹也神丹服食與黄白點金之别。同樣一部周易參同契，有以内丹解者，有以外丹解者。内丹解者，有以陰陽解者，有以清淨解者。而不同的解釋者中，既有互相借鑒者，更有相互攻訐者。如此種種，使後之學者很難分辨。

還有一些丹道著作，純粹爲了發揮性情，既不欲廣爲流傳，又無其他特別的目的，只是宣揚自己對丹道的見解而已。

現代的丹道著作形式更爲豐富。凡與道教、道家稍有關聯者，都會以丹道的名義進行宣揚。其中不乏神話式的丹道、鷄湯式的丹道、故事式的丹道等。這些類型，因合乎一些現代人的心理需求，也大行其道，而傳統的丹道實質却盪然無存。

丹家嘗言：「没有不讀書的神仙。」從古至今，丹道典籍多不勝數。書不可不讀，也不可輕信。記得我以前曾說：「文字是最容易騙人的。」特別對丹道學問，書本上文字的背景，我們未必清楚，僅靠書面文字，很可能失却真相。我一直認爲，多一些思考，多一些視角，對讀書是有幫助的。

丹道的方法

丹道的方法，簡單地說，分爲内丹和外丹兩種。内丹又分爲清靜與陰陽兩途，外丹則又有神丹服食與地元黄白之别。明代陸西星將丹法按三元區分，即天元神丹服食，地元靈丹點化，人元大丹了命。這裏的人元丹法即是指内丹而言。陸西星的人元丹法，並無清靜、陰陽之别。清代陶素耜也將丹法分爲三元，即天元清靜、人元返還、地元服食。外丹術今日已漸歸於失傳，而内丹術的各法門之間，也有很大的爭議。

內丹清靜法門，即指修煉者只需自己勤謹用功，不需要他人認可或協助。清靜派的工夫，以清修靜煉爲主，但「清修靜煉」的具體內容，各家說法却不盡相同。有以靜坐爲主的，有以存想爲主的，有以調息爲主的，也有以持咒誦經爲主的。總之，他們的外在表現，以靜止不動爲主要形式。至於他們的內在思維如何，外人是不得而知的。甚至一些修習者出現了所謂的「內景」，描述得煞有介事，有些甚至與經典記載若合符節，但無有驗證之標準。記得有一位名家，生前曾經詳細介紹過自己做工夫時的內景情形，讓不少愛好者頗爲神往。但這位修養家，最終未因這些所謂的神奇「內景」而享高壽，且因病離世。這些所謂的「內景」之說，如果用現在心理學等方面的知識，其中一大部分可以得到合理的解釋，並沒有神奇之處。還有一些有經絡運行、周天貫通等效驗出現者，但最終也未見得達到丹道的最高境界——成仙之地步。

清靜法門中，還有一些把做夢當修煉的，對一些夢中的事物，過度地解釋，以爲是修煉之效果。這些都未必就是真正的內丹，但却很能炫人眼目。如果能用科學的態度去研究，或合理地懷疑，則更能接近其真實的面目。

內丹陰陽法門，歷來只有口授。雖也有著作行世，但滿篇隱語譬喻，很難讀懂。這也讓一些未得真實傳授者，從各個方面試圖解讀這種法門。於是乎，這種法門就與房中術、採補術等學問糾纏不清，甚至一些人爲了嘩眾取寵，不惜將一些邪教蠱惑人心的內容摻雜其間，使這門學問更加失其真相。

除真正的內丹工夫之外，還有一些人，不思自己辛勤修煉，卻意圖一步登天，故而編造各種自欺欺人的故事，最終弄得自己也信以爲真而產生幻覺，甚至精神出現狀況。更有一些人，自己不去實地用功，卻向泥塑木雕大獻殷勤，以圖得到神靈加被，毫不費力，一步登天。甚至一些人輕信騙術，以爲花些錢就可以輕鬆成仙。如此種種，更非丹道之正法。

在丹道典籍中，有不少破迷指正的著作。雖然所論各有側重，但其目的就是爲了讓後之學者避免上當受騙。但現實生活中，各種修煉的騙術卻一直存在。

要真正的修習丹道，首先要有一個明確的目的，然後再根據自己的條件，選擇相應的方法，然後步步爲營，踏踏實實地做工夫。如果遇到不能解決的問題，及時請教師長，並相互參酌，慢慢去完成自己的目標。工夫沒有捷徑可走。當年那位號稱可以「坐飛機」「一步登天」「傾刻而成」者，糊弄到了「億萬富翁」，也只是騙幾個錢花花而已。

被稱爲「丹道」的法門很多，至於如何區別其高下優劣，不僅需要相當的智慧，還需要參考一定的知識。

我當初跟隨一位老師學習靜坐工夫的時候，他最先教我的是「信」，大意是對他教的東西，我要無條件地相信。我當時依法煉習，也收到了很不錯的效果。但並未達這位老師所說的神奇效果。我也因此而懷疑，直到慢慢通過各種知識的學習，最終明白了其中的優點與缺點，最後放棄了這種法門。雖然我至今還認爲這種法門有其特殊的地方，但也有很大的弊端。

一九九八年初，我初訪胡海牙老師時，向老師請教了一下午。當時對海牙老師的一些說法有不同的意見，故回家後重新閱讀以前讀過的丹經，以求證海牙老師的觀點。用時數月，始覺頗有意味，然後再次訪師，纔有十餘年的師生緣。

在我們農村，一些不識字的老太太，聽到村裏有人講經說法，也先要瞭解一下這些人在宣講什麼，是不是真的行善積德，然後纔決定要不要繼續去聽講，或者要不要行持他們的方法。雖然這些不識字的老人往往會迷信一些言論，但他們也有基本的判斷標準。丹道是一門神秘的學問，很多內容没有確切的證據。我們學習丹道知識，實踐丹道方法，不可盲目迷信，而應該保持清醒的頭腦，對一些無法解釋的問題，不妨提出懷疑，然後再進行求證，如此纔有可能獲得真正的知識。

丹道的口訣

口訣，就是口口抉破的意思。清代李涵虛曾言：「口訣，親切語也，細微語也，重重抉破，乃爲口訣，並非單詞只字、三言兩語之爲口訣也。」又云：「一聞口訣，便可豁然開悟，以經印訣，以訣印經，真實不虛，合乎大道，此真師所以當求，聰明之所以難恃也。」此數語，基本道盡丹道口訣之真實意義。

丹道自古重視口訣。有「萬古丹經王」之稱的周易參同契云：「三五與一，天地至精。可以口訣，難以書傳。」與周易參同契齊名的悟真篇亦云：「饒君聰慧過顏閔，不遇真師莫強猜。只爲丹經無口訣，教君何處結靈胎。」又云：「契論經歌講至真，不將火候著於文。要知口訣通玄處，須共神仙仔細論。」此又道出口訣之重要與口訣須師傳的丹道傳授原則。

丹道口訣，歷來傳授頗爲慎重，概不輕傳。至於其中的原因，陳攖寧先生口訣鈎玄錄口訣不肯輕之理由有詳細之討論。故古今學習丹道者，口訣一層，非常重要。

但是，從以上列舉的內容來看，口訣是秘密的內容。並且，各家傳承，各個流派，甚至一個流派中的不同傳人，其所得、所傳之口訣，也未必相同。何者爲真，何者爲僞，這也讓後之學者無所適從。陳攖寧先生在道竅談讀者須知中，就「彼家」一詞，有一段議論：「本書按：指道竅談一書中畫龍點睛處，就是『彼家』二字。如第三章云『欲養我己汞，必用彼家真鉛』，又如第五章云『內煉己者，將彼家之鉛，養我家之汞也；內養己者，亦用彼家之鉛，養我家之汞』，又如第八章云『此鉛非還丹之鉛，彼家之真火也』，又如第十章云『本元走漏，精氣神皆落於後天，不能求之於我，則必求之於彼』，又第十七章云『元精在我家，真精在彼家』，又如第十八章云『上德之體，得於天者甚厚，不必求之於彼家也，故曰天元』，又如第二十五章云『我運一點陰火之精，種在彼家之內』，又如第二十九章云『採煉者，採彼家陽鉛，煉我家子珠之氣也』。觀以上所列舉『彼家』之說，可謂詳矣。究竟『彼家』二字是如何解釋，頗有研究之餘地。如謂彼家是指腎中之氣而言，則單煉心中之神者非矣；如謂彼家是指身外之太虛而言，則執著肉體，在腔子裏摸索者非矣；如謂彼家是指同類異性而言，則一己孤修、專事靜坐者非矣。讀者須於此等玄之又玄處著眼，方可謂頭頭是道。」這一段論述，又明確指出丹道口訣在傳授過程中存在的局限。

觀歷代丹道之傳承，無論是清靜工夫，還是陰陽工夫，都有一套能自圓其說的理論。即如一些旁門左道，甚至邪僞之術，也同樣有一套理論支持。在這些方法的傳承中，經常有一些堅實的支持者。甚至宣傳「惟此一乘法，餘二即非真」的現象也屢見不鮮。其最終的解釋，不外「丹經無口訣」，「得訣歸來好看書」等。對於前輩祖師來說，勸人尋求真師指授，本屬婆心，而後世則常有依此爲託詞者。

丹道的目的是成仙。且不論能否成仙，但就理論上講，成仙是一種超人的學術。既爲超人之術，就不是人人可學的。也就是說，真正的口訣，不是容易得到的。但歷代凡談丹道者，多以正宗自居，甚至以惟一正宗自居。究竟他們的口訣如何，無法獲得最終驗證。這些所謂的「正宗」口訣，最後能否達到成仙的境界，除了故事傳說之外，很難找到真憑實據。有些可能享有長壽，可證明其有延生之效，但無法證明其有長生之效。有些可能連延生都達不到。王重陽及全真七子，世壽最長者爲全真龍門派祖師長春真人丘處機，世壽最短者爲全真隨山派祖師劉處玄。丘處機世壽八十，劉處玄世壽五十七。西派始祖李涵虛，世壽五十。丘、劉二位，係王重陽之嫡傳，王重陽得鍾離權、呂洞賓二仙傳道，應該算是丹道正宗。而李涵虛則是呂洞賓之親傳，亦當算丹道正宗。李涵虛的幾部丹道著作，確有可讀之處。但世壽尚不及一些普通人。至於成仙、沖舉，陽神出竅等成就，雖然被後輩們添油加醋，渲染得神乎其神，但值得懷疑之處頗多，亦難做爲憑據。「仙」傳口訣，猶且如此，何況其他無有明確來源之口訣？

另外，有一種現象，就是不同傳人所得到的口訣不同。丹道的傳授，除了傳統的傳承原則外，還有其他的一些原因，這也形成了同一位老師，傳與不同學生的口訣有所不同。這是因爲每個學生的性格、學識、智慧等各不相同，故而老師在傳授的時候量體裁衣，因材施教。

還有一些人，尋訪過老師，也與老師有過交流，但老師未必向其傳授口訣，而尋師者自以爲老師所說的某些內容即是丹道口訣，故而造成了不是口訣的「口訣」。

我認爲，判斷口訣的真僞優劣，不應只聽信傳授者片面的言論，除了相應的常識外，更應該注重用實踐來驗證。學者不妨先從自身修煉的目的着手。在尋師訪訣之前，先要明白自己修煉丹道的目的何在。目的明確以後，再去按自己的目標，尋訪口訣。得到老師的口訣後，依法行功，然後與老師的傳授及自己的目標相印證。如果能向自己的目標進步，即可繼續行持。如果不能達到預期的目的，則可考慮是方法的問題還是自己的問題，進行相應地調整，或改變原來的方法。比如，學習丹道的最終目的，都是向往成仙。而成仙不是一蹴而就的，需要經過健康、長壽、肉體變化等階段。所以，得訣修煉，首先要能使身體健康，然後使壽命延長，然後再追求更高層次的驗證。如果入手即出現弊端，未得其益，先受其害，甚至傷及性命，後面的境界則無從驗證，還談什麽「口訣」呢！這種情況，有可能是口訣本身的問題，也有可能是修持者的問題，不可一概而論，應區別對待。

真正的丹道口訣，可以把丹道的種種問題貫穿起來。用陳攖寧先生的話來說，真正的口訣，可以做到「頭頭是道」。片面的口訣，不一定是僞口訣，很可能是由於受傳者自身的條件所限，使完整的口訣有所缺失。至於一些傷及他人，甚至觸及律法的「口訣」，已不屬丹道了，故毋須討論。須知，任何丹法，任何口訣，都應該在合法的範圍內行持。這是最基本的原則，不可心存僥倖。

餘論

懷疑，是爲了追求真相，並不一定是爲了否定。懷疑，靠的不是信仰，靠的是對事物的基礎認知與科學的思維方式。任何一門健康的學問，都應該經得起各種懷疑。懷疑只會促進學問的成熟與健康，而不會阻礙學問的發展。只有狹礙的宗教信仰者、邪教徒，纔容不得他人的懷疑。

丹道是一門流傳很久的傳統學問，由於歷史的因素，其中存在很多不合適的內容。其中，有些內容或許在某個時間段內是合理的，但隨着社會秩序的改變，這些內容已不適用於現在；有些內容可能一直不合乎社會規範，只是在某些小群體或某種特定的人群中流傳，對當時的社會不產生任何影響；有些內容，從外在看起來是正確的，但其實質却不符合社會規範，只是没有被他人發現。諸如此類，在今天，應該用科學、嚴謹的態度對待，而不應該人云亦云。

丹道中有很多文學性的故事，也有很多牽强附會的内容。這些故事，都經過千百年的加工演繹，故事中的人物也常張冠李戴，如果盲目相信，鮮有不鬧笑話者。如吕洞賓與顔洞賓、術三峰與人三峰等。還有一些是想當然地附會，如李真一與李涵虚，畫兩個圈就是吕洞賓等。如果不去質疑求證，難免會以訛傳訛。

懷疑是一種態度，懷疑是一種精神，但懷疑不是結果，只是開始。只有從懷疑中不斷審視，不斷學習，不斷修正，纔會有所進步。丹道是一門科學，這門科學有不合理地方。這些不合理之處，有些是歷史原因帶來的，有些是其本身存在的，只有用懷疑的精神，審慎的態度，去研究、實踐這門學問，纔有可能讓這門學問更加完善。所以，我一直建議，修習丹道者，不妨多些懷疑精神。

蒲團子於玄玄居

二〇一八年一月四日農曆丁酉年冬月十八日動筆

二〇一八年二月二日農曆丁酉年腊月十七日完稿

中脈與小周天

我所知道的中脈，是佛教藏傳密宗的說法。我對佛教密宗没有什麽瞭解，對藏密更是所知甚少。只是因爲藏密有很多真修實證的内容，所以對其中的一些方法有過留意。

中脈命名的依據是什麽，未曾考證過，是否與其從海底直上頂門有關，不得而知。其實，關於中脈的具體位置，說法也不完全一致。當時我所瞭解的通中脈法，中脈指的是從會陰穴直上百會穴。具體行功也有兩種方式。一種是觀想會陰至百會爲一垂直透明之管道，意識隨着修習者的呼吸，一上一下，往來於會陰與百會。或吸時意識在會陰，呼時意識在百會；或吸時意識在百會，呼時意識在會陰。另一種則是七輪修煉法，即從海底輪起修，依次爲臍輪、心輪、喉輪、眉間輪、頂輪、梵穴輪。七輪修煉也有多種方法，我當時記得有兩種，其中一種是在各輪用意念畫圈。七輪均在會陰至百會直綫的通道上，每輪可以視作一個球體，也可以視爲一個空間，而不是一個點。

其實，在丹道修煉中，也有與中脈類似的方法，只不過細節大有區别。清代金蓋山閔小艮一派，曾有一個中黄直透法，與這種藏密的通中脈法有相似的地方。究竟是藏密借鑒了丹道，還是丹道學習了藏密，現在已無法說得清楚了。

中脈也罷，中黃直透也罷，其目的，無非是因爲其他途徑需要繞道，不如從會陰到百會一路直上，頓超直入，省却許多麻煩。但從丹道的角度來看，這些工夫做起來，都不是那麽容易的。

「周天」一詞，本來是天文學上的名詞，後來爲丹家所借用。又有小周天、大周天之別。丹道小周天之說，可能始自明代。丹經、醫書中，皆有關於小周天的記載。簡單地說，所謂的小周天，就是通過修煉，使真氣運行於任督二脈。在丹經中，有煉精化氣、煉氣化神、煉神化虛之說，後來更有煉虛合道之說。小周天工夫，就是煉精化氣的工夫。按丹家言，腎爲先天之本，後天腎精泄漏，會消耗先天本來元精，故而要保養先天元精，必先使後天濁精轉化爲氣體，從身内返還，從而達到不漏精之境界，如此則先天元精方得充盈。故丹經有「男子修成不漏精」之說。要修成不漏之精，先要從清心寡欲、積精累氣做起，待得後天精足，然後用文武火薰蒸煅煉，使之氣化，然後循尾閭、命門、夾脊一路上行，過玉枕，至百會，下重樓，入絳宮，又返歸丹田。此爲一周天。這是丹家小周天之概說。具體還有很多細節。比如最初入手，又如過三關。在方法上，也有巧拙之不同。

小周天的工夫，只是丹道修煉的一個方便法門。煉精化氣的方法有多種，不一定要行小周天工夫。只是後來由於丹經道書、小說故事及氣功文化的演繹，小周天被傳得異常重要。這些年，也曾有將做小周天工夫、通任督二脈推崇備至者。我想，這或許還是對通任督二脈的意義，或者說做小周天工夫的意義不甚明了。

做小周天工夫，一個重要的標誌，就是「不漏精」。這個不漏精，不僅是後天濁精不漏，同時也指先天元精不漏。後天濁精不漏，不是人爲的抑制，而是用方法將其煉化，使之返還爲先天。這種工夫也有叫玉液還丹的。先天元精不漏，是指先天元精不生成後天濁精。只有先天元精充盈，纔能「精滿不思淫」。玉液還丹、煉化，雖然也講清靜無爲，但有有爲工夫在內。還有純用無爲法者，最高境界爲「煉氣不化精」。

還有一點須要注意，就是男女丹法有同、有不同。煉精化氣的工夫，是爲男子修煉所設，並不一定適合女子。女子修煉，除了無爲法外，有爲法另有法門，不可貿然修習男子丹法。這是個人的意見。

二〇一七年十一月十二日蒲團子於玄玄居

禪修與禪舞

「禪修」一詞，這些年很是流行。在生活中，經常會遇見一些「禪修」的人，大多數人年紀輕輕，接受過良好的教育，有一份像樣的工作，用前些年的一個名詞來說，就是「白領階層」。他們對禪修有着極大的熱情，以至於在生活中，讓人感覺有些神神叨叨的樣子。正因爲此，我也對「禪修」這種行爲，進行了一些瞭解。

我對佛教最初的瞭解，在一九九四年前後。因爲當時修學有很大的困惑，所以開始參研佛教、道教的知識。參訪過僧人，拜會過道士，更多的時候是讀書。當時所瞭解的「禪」，主要是中國禪宗方面的內容。故而在十多年前，見到認識的人去「打禪七」，總是從禪宗的角度去看待。所以，對現在的「禪修」也產生了誤解，以爲同樣是禪宗的東西。當從相關的禪修日記、禪修開示及禪修機構的介紹來看，禪修與中國的禪宗，還是不一樣的。所以，我想談談自己對禪修的一些看法。

「禪修」這個詞，在中國禪宗的早期著作中，甚至可以說，在二〇〇〇年以前的佛學著作中，並不是很常見。中國的禪宗，有學禪、習禪、參禪、禪定、禪坐等說法，「禪修」之說則很少見到。「禪修」一詞，是否與「靈修」之類的名詞同時出現，尚待考證。這個名詞很可能是從國外流傳進來的。但在進入中國後，是否在名詞翻譯上進行了修飾，我不懂外文，不得而知。從相關資料來看，中國臺灣地區也有人在講「禪修」，而時間也是近些年的事情。所以，我更傾向於「禪修」是一個近些年來的新名詞。

說「禪修」，有一些問題是需要釐清的。首先，就是「禪」字。佛教的「禪」字，來自印度語「禪那」的音譯胡適在其中國禪學的發展印度禪中記載，「禪」字的原文拼音與「單」相近。其讀音之區別，可能是巴利文與梵文讀音上的區別。胡適認爲，「在禪宗未起之前，印度便有瑜伽……引申起來，是管束的意思。即如何纔能管束我們的心，訓練我們的心，使心完全向某一方向走，而能於身體上、精神上，和知識上發生好的結果」。其還認爲，「在印度未有佛教以前，已有許多人做這種瑜伽。釋迦牟尼想到名山去學道的時候，遣人出外尋道者二人，即爲瑜伽師。古代的瑜伽的方法，在印度很流行。佛家的苦修，即用瑜伽的方法。後來佛教走上新的道路——智的道路，於是瑜伽遂變成了佛教的一部分。但無論任何修行的人，都免不了要用瑜伽的方法。後來佛家給以名字，便是『禪』」。「禪」的意思，就是「思維修」「棄惡」「靜慮」等。這個解釋，是佛教教徒與佛教學者公認的。以此也可以證明，胡適對瑜伽的解釋，也是其來有自的。基本上也可以認定，「禪」與「瑜伽」有着密切的聯繫。

我們今天看到的佛教，是佛滅度後，佛教徒經過多次開會集結研究後確定下來的，有所謂原始的方法，有傳統的方法，有新興的方法，也有原來是新興的方法，後來由於年代久遠而成爲傳統的方法。就中國而言，佛教就有十大宗派。就中國佛教十宗之一的禪宗來說，又有「五花七葉」之說。所以說，究竟什麽是真正的佛法，或者說何種法門是佛陀當年的原始方法，其實已經很難確定了。這跟中國的丹道一樣，真正的口訣是什麽，各說各話，各演各法，没有明確、準確的驗證標準。

從現在所謂的「禪修」來看，大約是當年所謂的「上座部」遺傳，所以他們這些團體，有的很注重巴利文原文經典的朗誦。而更多的禪修機構，則是「上座部」方法與中國禪宗相結合，甚至引入中國道家的一些修養法門。更有一些團體，則是加入了鷄湯式的心理疏導開示。

現在所謂的禪修，從形式、内容等方面，都有值得慎重的地方。比如形式上，對參學者的一些行爲規範與强制措施；比如導師的身份與所宣講的内容，除了宗教意義上的内容外，可能還有其他問題。

不論從何種角度來說，現在所謂的「禪修」，是流行於受過高等教育、有着豐厚收入、年紀較輕群體的一種生活方式。通過這種方式，可以讓參與者最大限度地與當前紛繁的塵世略作分隔，讓雜亂的心緒稍微安靜。從這個方面來說，這種方法是積極。同樣，任何流行的東西都有他的弊端。特別是與宗教、信仰有關的事物，可能還會出現一些深層的問題。

把「禪修」當作一種休閒方式，當作一種業餘生活，在當今的社會狀況下，是可行的。給自己疲憊的身體放個假，讓自己的心靈找一絲慰藉，沒有什麼不可以。從現狀來看，這也是很不錯的一種休閒娛樂方式。然而，從一些禪修人士的「美文筆記」來看，他們中的有些人，所行所見未必是真正的「禪」、真正的「修」。或者說，與我所瞭解的佛教修養有一定的區別。我倒很願意把這些禪修活動看作類似「假日游」「農家游」之類的活動。

現在所謂的「禪舞」，事實上與當年氣功盛行時所謂的「自發功」或「自發動」類似。焦國瑞先生在一九八三年初，曾將「自發功」定義爲「誘發功」，全稱「氣功誘發順勢隨控運動」或「氣功誘發隨控運動」。這也很明確地指出，這種所謂的「自發功」，是在特定的誘導情況下出現的一種現象。

「自發功」由來已久。焦國瑞先生曾引證了唐代孫思邈備急千金要方中的一段話，與現在的「自發功」或者「禪舞」有着一定的聯繫。備急千金要方二十七調氣法第五載：「每旦夕，面向午，展兩手於脚膝上，徐徐按捺肢節，口吐濁氣，鼻引清氣。良久，徐徐乃以手左托右托、上托下托、前托後托，嗔目張口，叩齒摩眼，押頭拔耳，挽髮放腰，咳嗽發陽振動也。雙作隻作，反手爲之。然後掣足仰振，數八十、九十而止。仰下徐徐定心，作禪觀之法。閉目存思，想見空中太和元氣，如紫雲成蓋，五色分明。下入毛際，漸漸入頂，如雨初晴，雲入山，透皮入肉，至骨至腦，漸漸下入腹中，四肢五藏皆受其潤，如水滲入地。若徹則覺腹中有聲汩汩然。意專思存，不得外緣，斯須即覺元氣達於氣海，須臾則自達於涌泉，則覺身體振動，兩脚踡曲，亦令床坐有聲拉拉然。」這段記載，基本上是一篇關於靜坐中身體「自發動」的完整呈現。很多做靜功而出現「自發動」者，均有類似的經歷。

「每旦夕」，即每天早、晚，也可以理解爲每天早、晚各做工夫一次。「面向午」，午南子北，也就是面向南。「展雙手於脚膝上」，可理解爲雙膝盤坐，兩手手心向上伸展開來，置於兩膝處，這是「五心朝天式」或「跏趺坐」的姿勢。在實際做工夫時，不一定要雙手手心朝上，也不一定要「五心朝天式」。「徐徐按捺肢節」，可理解爲調整肢體，不使隨意妄動。「口吐濁氣，鼻引清氣」，即吐納工夫中的吐故納新，是調整呼吸的一種方式。「徐徐乃以手左托右托」至「數八十、九十而止」一段，是各種坐式運動的方法。「左托右托、上托下托、前托後托」是指在調整呼吸一段時間後，做一些伸展運動。立掌左推、右推、前推、後推、上推、下推。可以雙手推，也可以單手推。單手推的時候，左手立掌從身前向右推，右手立掌從身前向左推。前後、上下仿此。此即「雙作隻作，反手爲之」。「嗔目張口」，即瞪眼、張大口。「叩齒摩眼，押頭拔耳」，叩齒即牙齒輕咬，暗暗用勁，然後放鬆，再咬再放，而不是上下分離然後叩擊；摩眼，即雙手搓熱，輕揉雙目；押頭拔耳，即用五指按後腦，掌心按住耳，然後迅速拔起。「挽髮放腰」，即用抓住髮髻，向上牽引，以放鬆腰部。「咳嗽發陽振動也」，即自主咳嗽一聲，以振動陽氣。「然後掣足仰振，數八十、九十而止」，即兩手攀足，身體向後仰，待仰至不能再仰，然後起身，往返八九十次即止。這是一套導引方法，相當於現在流傳的「床上八段錦」之類。「徐徐定心」至「如水滲入地」，是所謂的「禪觀」，其實就是存想。「若徹則覺腹中有聲汩汩然」，是說如果做得深徹，則會自我感覺腹中有「汩汩」的聲音。「意專思存，不得外緣，斯須即覺元氣達於氣海」，即意思專一，一意存想，心不外騖，片刻即「斯須」即會感覺元氣直達氣海。「須臾則自達於涌泉，則覺身體振動，兩脚踡曲，亦令床坐有聲拉拉然」，即很快元氣又達於涌泉，則會覺得身體振動，即使兩脚踡曲，也會使床聽起有響聲。按：此段解釋，僅是一己之見。

孫思邈的這段記載，在後來很多做坐功者中很常見到，雖然屬於「自發動」，但不是大動，離現在所謂的「禪舞」還有很大的區別。當年蔣維喬先生在撰寫因是子靜坐法時，就曾提到自己出現過的震動，與這裏所謂的「動」類似，但比這種「動」要强烈得多。蔣維喬先生當年做的工夫，與這段記載有類似之處，即兩者都是導引術，算不上純粹的靜功，更談不上「禪修」。

二十世紀五十年代，新中國成立後的第一次氣功熱潮出現，很多以前修養內煉之士，將自己的心得貢獻於世，公開交流。「自發動」的現象也引起了一些人士的關注乃至深入探討。

自發動，有天性與用功兩種。天性，即在一定的環境下包括內外環境，人體可以不由自主地做一些動作。比如有些人一聽有節律的聲音，身體會不由自主地扭動。也有人一想到有節律的聲音，身體會不由自主地扭動。特別是一些小孩子，或者性格外向的人。這些人中，似乎女性偏多。這是人的天性，與功修無關，更談不上「禪舞」了。用功，主要以靜功爲主包括靜坐、站樁及臥式練功。因用功而出現的「動」又分爲內動與外動兩種。內動即身體內部「動」，從外面一般看不出來。有時候內部「動」得太大，從外面也可以看出來人的身體在動。外動，即形體上出現「自發」的「動」。

身體內部的「動」，習稱「內動」。蔣維喬先生在訂正因是子靜坐法一書中曾詳細記錄過自己身體由內動到外動的過程。書中載，一九〇〇年五月二十九日，其在行靜功從相關資料來看，他的靜功中有很大一部分導引的內容八十多日後，「丹田中突然震動，雖趺坐如常，而身體爲之動搖，幾不得自持。覺此熱力，衝開尾閭，沿夾脊而上達於頂……如是者六日，震動漸止」。這種現象極似丹經中所謂「衝氣開關」。第二次，是一九○二年三月二十八日，其「晨起入坐，覺丹田熱力復震，一如庚子年之五月。唯曩時之熱力衝擊尾閭，此則衝擊頭頂之後部，即道家所謂玉枕關也。連震三日，後頂骨爲之酸痛……忽覺頂骨砉音「須」然若開，此熱力乃盤旋於頂。自是每入坐即如是，亦不復震。」一九○二年十月初五日，「丹田復震，熱力盤旋頭頂，直自顏面下至胸部，而入臍下，復歸丹田，震動即止。……自是每入坐後，此熱力即自後循夾脊而昇至頂，由顏面下降而胸而入臍下，循環不已。如偶患感冒，覺身體不適，可以意引此熱力，布濩全身，洋溢四達，雖指尖毛髮，亦能感之，入之發汗，感冒即愈」。蔣維喬先生的靜功，是以導引與按摩等爲主的，具體方法見拙作陳攖寧仙學隨談貳讀書雜記讀蔣維喬先生靜坐法著作雜記。因爲他刻意地用導引法去「通小周天」，所以纔出現這樣的感覺。其在第一次震動時，所謂的身體爲之搖動，很可能只是自己的感覺，實際上未必真的搖動。後來兩次震動，都是真正的「內動」。其「動」的原理，根據古代丹經所言，是指真氣衝關，屬於修煉所達到一定層次後所出現證驗。如果按現代醫學科學來說，很可能是人在相對靜止狀態下，對身體內部血液運行的一種體會。因爲人平常由於外界的干擾，體會不到身體內部的血液循環等，當在相對安靜的狀態下，血液、神經的一些感覺，就會顯現出來。這些感覺很細微。依我的考慮，出現震動，可能是有些地方的血液循環受阻。當人體在某種狀態下，如入靜狀態下，身體內部進行自我調整，日常由於外來干擾造成血液失序的狀態慢慢恢復到有序狀態，受阻部位在調整過程中受到刺激，反射到神經，故而產生「動」的感覺。如果這種感覺强烈，甚至會引起身體外在的「動」。

蔣維喬先生中國的呼吸習靜養生法附錄所載，朱中起行坐功一月餘，「某一日，正坐的時候，身體微覺搖動，次日搖動益甚，第三日坐未久，竟至大動不已」。盧懷道則「大腿與丹田的暖氣，曾連續不斷發生若干次，但不久也停了。其後的感覺時有變動，有時腰腹等部不感到暖而感到涼爽，有時感到有一股氣在臟腑間流動，有時臟腑間那股氣直衝到頭腦，有時感到額頭與手發微汗，有時又發大汗，有時身體發生搖動。搖動又有三種不同的方式，有的是前後搖動，有的是左右搖動，有的是打圈式的轉動。無論哪種搖動，都是自發的，而不是由我的主動……一九五四年五月中旬，氣脈的行動又起了變化，不再是上下前後的循環，而是在丹田和大腦之間作螺旋式的盤旋往復。吸氣時氣由丹田盤旋而上直達大腦，呼氣時氣又由大腦盤旋而下復回歸丹田，呼吸不已，氣的盤旋上下也是往復不停。當它盤旋行動的時候力量很大，氣行到身體哪裏，那裏的部分就被它推動而作左右前後螺旋式的旋轉，氣脈更不停地上下盤旋，所以我的頭、頸、肩、手、腰、腹各部，也就左右前後地搖動不已。因爲氣脈的力量大，所以我所坐的那張床也就震動有聲，並且全身大汗淋漓。但必須說明，這種動盪全是被動的，我所能自主的只是輕微的呼吸而已……到了一九五四年八月中旬，搖動逐漸停止，汗也不出了，坐時全身各部皆安定了。」這裏提到了三種不同的搖動方式，也提到了震動大時床也有震動聲。蔣君毅是蔣維喬先生的侄子，童年即隨蔣維喬先生學習靜功，時有間斷。在蔣君毅五十三歲左右時，一日夜間，以坐代靜，「午夜之後，突然震動，小腹中一股熱力衝開尾閭，沿夾脊而上，接連衝過後腦而達於頭頂。這一下子力量之大，簡直似覺上衝霄漢，當時整個身體騰起，床亦大震，不但徹夜了不覺倦，而次日全天忙碌，精神抖擻……後來我告訴叔父，他說：『這是幾處關節氣脈一次全通的表現，已得初步成功，也是多年的功夫積累。』……我一向練八段錦，壯年體力尤健……蒲團子按：其間描述身體生病內容不錄。一九五二年杪，偶與叔父談靜坐功夫，我說我靜坐時的境界，早已覺得四周輪廓俱化，一切都不覺得有我，只有極輕微勻靜一股鼻息與天的大氣相通……叔父說我的基礎很好，鼓勵我不要放棄……時在一九五三年國慶節前，叔父預先告我，說『就要靜極而動了』，同時還言及『向左轉動三十六次，向右也一樣轉動三十六次，自己不能作主』等語……果然於十月二十四日……下午，靜坐坐得正好的時候，突然發動，完全不由自主，不但內力運轉，而外面初發動時，簡直類拳術中『武松脫栲』的解數，劈拍有聲，勢如驟雨，經過相當時間，自然而停，也是絲毫不能自己作主。事後走告叔父，叔父只笑說『以後花樣尚多』……次日正偃臥沙發上，尚未入坐，忽已覺得周身發出異乎尋常的力量，彷彿整個身體要飛騰出去似的。趕緊起坐，坐起來即內外動力大發。這一次兩手忽然分開，拳掌飛舞，簡直是渾身解數，但完全不能以自己的意思指揮，自然而發，自然而停。自後每坐必動，動必中節，花樣繁多，當時也不能完全記憶。其中有如太極拳『如封似閉』等手法……還有許多奇奇怪怪的解數……有時旋轉如機輪，力大無窮；有時兩手又如停雲輕移，與內氣運轉相結合呼應，不差分寸部位。以及各種內外轉動盤旋許許多多花樣之外，還有很精妙的從來沒有見過的自頂自踵全套的按摩、推拿、擒拿等等手法，自然而來，自然而停，不容自己參加一些意思……如是約歷一個月的時間……此項功夫，乃純係內功修養，記得從前閱內功書籍中，載有武當派的始祖張三丰純係『靜中自悟，無師傳授』等語原注：武當派稱內家，如太極拳、八卦拳、形意拳之類；另有少林派，稱外家拳……我這次統計前後共動了三十六天，復歸於靜。記得動到第三十二天的夜半，骨節俱響。從此以後，即漸趨於靜，直到三十六天後自然而停……前後經過，約略如此，學者讀之，有了思想準備，如後來遇到靜極而動時，可不必驚異。至於什麼時候發動以及動的時期多少，均不一定，效果都是一樣……叔父說他在六十四歲時靜極而動，動了約六個月，復歸於靜……動時左右轉次數必定相等，唯次數多少，亦因人而異。我則向左向右轉動都是一百〇八，少一不可，加一不能，當時完全不由自主。我叔父說，其數非三十六，即七十二，非七十二，即百〇八……」

以上蔣維喬、朱中起、盧懷道、蔣君毅四人之事蹟，見於拙編因是子靜坐法四種。此處只選錄與「動」有關的內容。四人的之經歷，基本上可以涵蓋大多數因做工夫而出現「內動」「外動」者。

上海氣功療養所成立於一九五七年所長陳濤，在上海中醫藥雜誌一九五七年十二月號上發表了一篇文章，名曰談談氣功練習中的「外動」現象。這篇文章中，陳濤對氣功外動現象進行了探索。其曰：「蘇聯心理學家捷普洛夫心理學教程分析人的動作時，指出人的動作一般分爲『隨意』和『不隨意』兩種。但是他又說，事實是『人的一切動作都是隨意的，不過隨意的程度是有差別的』。」因此，陳濤得出：「(一)人的一切動作都是受大腦皮質支配的；(二)人的大腦皮質是通過條件反射作用指揮行動的；(三)形成條件反射必需要有刺激物原注：刺激物可能是間接的，通過語言或文字形成的。」並研究認爲：「在談到練功中發生各種感覺和現象時，人們往往過分强調這些現象的自發性，似乎這些現象是『另外自有一套規律』的，不受人的意識支配的。事實上就我所知，一般人在練功前大都先從書本上或旁人口頭上知道練功中可能產生某些現象和感覺，並且誤認爲這些現象是練功有效與否的標誌。因此，這種通過文字或語言的刺激就在大腦皮質中經常起着作用。由於練功人有使疾病早日痊癒的强烈意願，因而加速形成條件反射，擴大它對整個大腦皮質的影響。這時的表現就是在練功中時時期待某些感覺和現象。這種期待促使練功者帶有急躁情緒，處處流露出急於求成的心情……由於他們經常在期待『震動』，大腦皮質的運動中樞就在不斷受到這一期待所形成的刺激。一旦條件成熟，中樞就自然地興奮起來。這時練功者自以爲練功有了成效原注：有時因爲身體的運動，確實可以轉移一部分對疾病的注意力，就更加把注意力集中到這種『震動』上去。於是大腦皮質的運動中樞興奮更加加强，這樣練功者的『震動』就逐漸加劇，以至於發展到運動中樞興奮逐步加劇到一定程度時，練功者的『震動』就會形成不能控制的現象。」

一九八一年北京氣功研究會首屆年會氣功學術文集中收錄了一篇北京通縣氣功輔導站王松齡整理的自發外動初探一文。文中提到，通縣氣功自一九七八年開始開展「行功」輔導，至一九八一年，三年中未出現一例自發外動現象。一九八一年，輔導站在原來「行功」中加入了站式。站式的具體做法是，一般站立，雙手呈半抱球狀，位於或低於臍，意守丹田，而外動即在站功時開始出現。從一九八一年三月開始，至一九八一年十一月北京氣功研究會首屆年會舉辦前，當時參加輔導站練氣功的新老學員，百分之八十出現自發外動，並且仍在繼續出現新的例子。出現外動最快的，是在此輔導站學習氣功僅五天的新學員，最慢的是學習氣功二年多的老學員。其中以練功二十天左右出現外動者最多。通過調查，通縣氣功輔導站總結出六條與自發外動相關的原因：一是練功姿勢；二是意念作用；三是心理暗示；四是誘發；五是視應即他人的影響；六是練功的場地即氣場。在練功姿勢項中，提到銅鐘式氣功，並認爲這種氣功方法只注重姿勢，可以不用守竅，即可出現自發外動；在意念作用項，提到胡耀貞的靜動功、梁士豐的自發五禽戲都注重意守丹田，所以容易出現自發動，並認爲李少波的真氣運行法也注重意守，也可能出現自發動。

一九八三年，焦國瑞通過對已出現自發動的研究，將自發外動定義爲「誘發功」，全稱爲「氣功誘發順勢隨控運動」或「氣功誘發隨控運動」，並提出「誘發」、「順勢」、「隨控」理論。焦國瑞認爲，誘發「是指此種運動是基於一定的誘因產生的，其最基本的誘因是意念原注：意識的誘發。誘發有被動誘發和主動誘發之分……有外在的誘因，也有內在的誘因。外在誘因是教功者的講說、練誘發動的現場表演、現身說法、電視報刊、口授心傳、座談交流和練功環境等； 內在誘因是自我『必動』的信念和生理病理狀態、性格、神經類型等」，提出「對於現代的練功者來說，起主導作用的內在誘因是自我『必動』； 對於在數百年前或更早的第一個出現『外動』的人來說，起主導作用的內在誘因是練功者的生理病理狀態、精神狀態和神經類型……有些人容易動，有些人不容易動，有些人只要你說上幾句話他就可以大動起來，而有些人你磨破嘴皮、練上幾年，他還是不『動』」，並舉例說明，「一九五九年全國氣功經驗交流會時，有幾位來自療養院的女醫生在我尚未說完幾句話時她們就動起來了」，並認爲「在一般情況下，女同志比較容易動，易動感情的人、藝術型的人比較容易動」。 順勢，即「指順隨肢體運動的內在動力趨勢和體內氣血、真氣運行的動力趨勢」。「順勢」一般在「誘發」之後。 隨控，即指「誘發動後，在順勢運動的狀態下，隨着順勢運動的趨勢加以恰當的意念控制」。 焦國瑞又將「隨控」分爲三個階段和三種練法。 第一階段是「隨控階段」，即「以隨爲主，隨而又管」； 第二個階段是「控隨階段」，即「以管爲主，管而又隨」； 第三階段是「控隨如一」，即「在隨與控的關係上要掌握在『隨不丟意，控不違隨』的火候」。

關於自發動的探討與爭議一直不斷。 有人認爲練功必須出現自發動，甚至創編有利於出現自發動的方法； 有人認爲自發動有利病人的病體康復，動比不動好； 有人認爲自發動不合古法宗旨，是練功出現的偏差，屬於走火入魔。衆說紛紜，莫衷一是。

關於自發動的出現，我認爲最重要的是體位與意識兩個方面。站式練功，如果兩足之間的距離小於兩肩之間的距離，人就容易動。特別是入靜到一定深度時，身體容易出現搖晃，還可能引起一系列的「動」。這也就是焦國瑞所說的「誘發」與「順勢」。記得二十多年前我學氣功的時候，有人告訴我，當年義和團的「神拳」，在練習時，就是先自然站立，兩脚間距小於兩肩間距，然後意想尾閭穴處有一團棉花。這樣站一段時間以後，身體便開始自然搖晃。而教授者一般事先都會告訴練者，當出現自然晃動後，不可理睬，任其自由發揮。在這種情況下，會出現各種不同的形式。如果在練習前，教授者再加以誘導，就很可能出現「神拳」。這也屬於心理暗示的一種。而王松齡介紹的站式練功法，同樣也是這個道理。可能他的方法，開始並未灌輸與「動」有關的信息，但這種方法的站姿及手放的位置，很容易讓人出現「動」。這種動是身體在安靜狀態下無法穩定而出現的自然動，是正常的生理現象。特別是一些平衡能力較弱的人，只要體位稍不合適，身體就容易出現晃動。又因爲有「練功」的意識存在，讓這種「動」的意義發生了改變。站式練功，一般來源於中國武術的站樁。站樁的意義，就是站着跟半截埋入地下的木樁子一樣穩固，不易動搖。可知，如果站式練功出現「動」，肯定不符合站式的本旨。中國的呼吸習靜養生法附錄中，朱中起的「身體微覺搖動，次日搖動益甚，第三日坐未久，竟至大動不已」及盧懷道的「搖動又有三種不同的方式，有的是前後搖動，有的是左右搖動，有的是打圈式的轉動」者，都很可能與坐姿有關。因爲坐姿而產生身體的搖晃，進而自我暗示，進入「動」的狀態。而蔣君毅所謂的出現類似內家拳的自發動，可能跟一些人接觸過這方面的知識有關。蔣君毅在文章中談及，他經常做八段錦，而太極拳等內家拳，在一九四九年前後很長的一段時期較流行，故出現自發動後顯現出類似太極拳之類的現象，也是可以理解的。

中國傳統的修煉，包括一些養生，大多以靜坐爲主。雖然做工夫不一定要靜坐，但自古相傳，靜坐是主要方式。在明清時期的丹經中，關於修煉到一定程度出現「六根震動」的說法頗多。比如明代伍沖虛的仙佛合宗語錄中曾言，在大藥產生之時，會出現丹田火熾、兩腎煎湯、眼吐金光、耳後風生、腦後鷲鳴、身涌鼻搐等六根震動的現象。這些現象是否真實存在，只有經歷者知道。後人每有人言自己身證此景，但是否是接受了丹經中的心理暗示所致，這是需要深入研究的。從蔣維喬先生的靜坐生「動」及其與蔣君毅的談話來看，蔣維喬先生的「動」，可能與丹經的六根震動有關，但又不完全相同，很可能是受到這個概念的影響。

現代生物學研究認爲，外界環境中的大量信息通過感覺器官傳入人的大腦，只有百分之一的信息被較長期貯存起來，而其餘大部分會被遺忘。在現實生活中，有些記憶埋藏得很深，只有接受相關的刺激後，纔會重新恢復記憶。當人在入靜到一定程度後，因爲血液循環、身體温度、神經狀態等的刺激，可能會激活記憶中的某些痕迹，誘發一些現象的出現。這就是陳濤所謂的「在談到練功中發生各種感覺和現象時，人們往往過分强調這些現象的自發性，似乎這些現象是『另外自有一套規律』的，不受人的意識支配的。事實上就我所知，一般人在練功前大都先從書本上或旁人口頭上知道練功中可能產生某些現象和感覺，並且誤認爲這些現象是練功有效與否的標誌。因此，這種通過文字或語言的刺激就在大腦皮質中經常起着作用。由於練功人有使疾病早日痊癒的强烈意願，因而加速形成條件反射，擴大它對整個大腦皮質的影響。這時的表現就是在練功中時時期待某些感覺和現象」。有些人認爲，自己在做工夫當時，並未有這種想法，或者並未接受類似的暗示。這很可能是他們當時記憶已經遺忘，而靜坐時深層意識或深層記憶受到了刺激，潛意識中形成了一種東西，從而促成了後來身體上的變化，即出現「自發動」。這種現象，同樣在王松齡的文章得以驗證。王松齡所記載的通縣氣功輔導站，三年未出現一例自發動者，而一出現則很快多人出現了自發動。這就是潛意識的暗示與誘導。雖然他們開始沒有遇到明確暗示，但這種暗示已存在於他們的深層意識中，或者說當時他們聽到練氣功會自發動時並未在意，但在一定的環境下，這種記憶被重新激發，從而誘導他們身體出現了改變。當然，通縣氣功輔導站的事例與練功姿勢、用意方式等也有關係。

還有一種情況，就是確實沒有暗示，也沒有類似記憶，更沒有所謂的誘因，身體出現自發動。這是因爲做工夫者，特別是靜坐者，在靜坐到一定程度時，由於身體改變了日常生活中的狀態，部分肌肉、神經及血液循環在靜的狀態需要重新調節，這時部分的肌肉或神經會產生不適的感覺，但只要進行稍微的動，即可解除不適。根據現代生理學研究，人體的自主神經又稱植物神經，會根據人的不同狀態，對人體進行相應的調節。所以，這種「動」，很可能是自主神經自我調節的結果。這可能就是焦國瑞所謂「順勢」的真實意義。

當然，自發動還會出現其他非正常的現象。比如有些人因爲身體的「自發動」，而無法恢復常態，從而發生真正的「走火入魔」即偏差。也有因爲自發動，而做出一些平日無法做到的事，比如力大無窮，比如身體異常柔軟等。這些還需要進行更深入的研究。

現在所流傳的「禪舞」，其實就是當年的自發動，只不過由於氣功現象的消沉，「自發動」這個名詞沒有「禪舞」高端而已。究其原因，無外乎天性、練功的姿勢、外力的誘導、深層意識的暗示，不排除一些其他的可能因素。

從自發動的現象來看，有的確實對疾病的康復有幫助，但同樣有人因此而誘發精神、神經方面的疾病。這也是一直以來很多人反對自發動的原因之一。今日的「禪舞」者，需要明白的，不僅僅是這種現象的原理，而是要明白自己的目的何在。如果只是爲了身體的舒適，或者爲了治病疾病，更或者爲了藝術，「禪舞」並無不可。如果將之與佛家的修行、丹道的修煉相關聯，就可能需要重新審視了。

關於自發動中「隨控」一節，未能進行相當地闡述，等以後有機會再談。

二〇一七年十二月十一日農曆丁酉年十月二十四日蒲團子於玄玄居

「謫仙」傳道

「謫仙傳道」的故事，不是今天纔有的。歷史上這種傳說，屢見不鮮。謫仙，一般有兩種意思。一種是說被貶入凡間的神仙，一種是說超凡脱俗的雅人賢士或道家人士。「謫仙」這個詞，除了一些宗教傳教者的刻意渲染外，大多數時候，是對一些人士的敬稱。

與「謫仙」相似的詞，有「後身」「轉世」等。大約某人爲某高僧、高道或某仙的「後身」，某人爲某高僧、高道或某仙的「轉世」。這基本上是具有宗教意義的。

無論從何種角度去理解，「謫仙」之説，用在文學作品或文學研究中，抑或歷史研究中，都說得過去。但在丹道，特別是丹道傳承中，恐怕得慎重一些。

這些年，經常有自稱謫仙者，有自稱得遇謫仙傳丹道要訣者。

自稱謫仙，肯定不屬於「超凡脱俗的雅人賢士或道家人士」之系列了。如果自己尊稱自己爲「謫仙」，恐怕是要貽笑大方的。那麼，這裏的「謫仙」，應該是指「被貶入凡間的神仙」了。如果這種自稱「謫仙」者屬於宗教人士，這種吹噓也無可厚非。糊弄糊弄信徒，增加一些關注度，或者再實現一些其他的企圖，這都是現實中允許的。即使有人對此持有疑問，只要他們不脫離宗教場所，且不造成大型的事件，這種行爲是當前中國法律許可的。但一旦離開宗教場所，依然有類似的言論，恐怕就不合乎法律法規了。這是從宗教及法律方面說。

如果自稱「謫仙」者，有宗教身份，或没有宗教身份，而從事於丹道的研究與推廣，恐怕問題更爲嚴重。

首先，「謫仙」身份的認證，也就是如何證明其爲「謫仙」。要證明身份，先要知道何爲仙。從歷代典籍上來看，真正超凡入聖、接受天詔的，當屬「神仙」與「天仙」雖各家說法有異，但大體不差。鬼仙不足論，人仙不離於人，地仙不離乎地，只是有神仙、天仙纔可以昇舉。知道仙之後，再證明其「謫」從何來，因何而「謫」。鬼仙，雖「不輪迴」，但「難返蓬瀛」，故還要「投胎奪舍」，另起爐竈。投胎有兩種說法：一種是說當嬰兒出胎時，「鬼仙」投入嬰兒身內；另一種說法，是指在嬰兒處胎時，即將「鬼仙」之體投入母腹。奪舍，是指他人剛死，肉身未壞，「鬼仙」及時將自己的「仙體」投入其中。簡單地說，就是這個「鬼仙」已失人身，需要重新找一個軀殼，繼續修煉。如果鬼仙被「謫」成人體，中間反而省却了一番投胎奪舍的工夫，這究竟是「謫」呢，還是「升」呢？可見，被「謫」者非「鬼仙」。人仙、地仙，本來就未失人身、不離陸地，成就本就不究竟，「謫」與「不謫」也無甚關係。可知，被「謫」者也非人仙、地仙。神仙與天仙，聚則成形，散則成炁，純是一團純陽之炁，也就無從談「謫」了。以上諸說，詳細討論起來，頗費筆墨，此處僅略述一二。事實上，按丹道理論，真正的仙，是不會退轉的。也就是說，仙是不會被「謫」的。仙道退轉，大約來自佛家理論。因爲佛家認爲「仙」非究竟，只是一種福報，報盡則墮落。這可能是「謫仙」的根本由頭。

其次，「謫仙」牽扯到一個仙的「管理部門」。也就是說，誰來負責「謫貶」仙。其實，這個只是宗教家的假想及小說家的虛構而已。雖然神仙之學流傳有數千年，但真正經得起考究的神仙，恐怕是屈指可數的。而這些所謂經得起考究者，僅是隱顯莫測而已，並非有確鑿證據證明其爲真真正正的神仙。也就是說，後世絕大多數人根本不知道修煉成功是什麼樣子。那麼，這些成仙後的「組織」「管理部門」又從何而來呢？這恐怕跟一些宗教想像、期盼有關，也可能跟一些文學作品有關。至於西遊記、封神演義之類小說中的「仙家組織機構」，已純屬文學範疇。再者，仙家、丹道修煉的目的，是脱離生老病死，長生不死，極端自由，無拘無束。如果修仙成功後，跟普通凡人一樣，還要受制於「天庭」「天宮」，修仙、煉丹的可貴之處又何在呢？其實，這只是一些未得仙家、丹家真諦，又沒有能力實踐丹法，更不思進取者，對未來的一種憧憬或幻想而已。天蓬元帥調戲嫦娥，被貶下凡；

捲簾大將打碎了個燈盞，被貶下凡……諸如此類，足顯得「玉皇大帝」的狹礙，於凡人猶有不及，何擔得起神仙的「首領」呢？

最後，如果「謫仙」真是從所謂的上面「貶」下來的，說明這個「仙」已經犯了「天條」，肯定也不是一般的「天條」。如果能觸犯「天條」，那就說明這個「仙」的修爲不純。試想一下，在「上面」眾仙雲集的地方都無法教誨，非得「貶」到「五濁惡世」來重修一回？如果說「上面」那些仙人都不管他人的事，那麼爲何又要「貶」仙到「下面」呢？如此種種，足以說明「謫仙」之說是何等的荒唐。

「謫仙」是從「上面」「貶謫」下來之說，只是對神話故事的演繹而已。雖然這種說法，有一定的受眾群，也有一部分所謂的「丹道大佬」爲之傾倒，但無論從哪方面說，這都是可笑可憐而可悲的。而將得受丹訣的希望寄託在這些「謫仙」身上，恐怕未必能如願以償，大約只是求個自我安慰吧。

或有人說，某些人所說的「謫仙」，是丹家隱士。本來這種說法也不錯，但這種隱士只是「人」而已，其所傳之丹訣，就未必有什麼特別了。如此，則所謂的「謫仙傳訣」，跟其他類型的仙家傳訣無甚區別，更或未必能傳出高明之丹訣，「謫仙」二字就沒有什麼意義了。何況，「嫡仙」只是他人的敬稱，「謫仙」自己不會這樣稱呼。這樣，「謫仙」的標準又何在？

只不過是大家相互客氣一下罷了。

「謫仙」傳道，其實並不是什麼高明的東西。在二十世紀八十年代、九十年代，仙佛轉世、神仙指授的故事多不勝數。比如深山碰見過變幻莫測的白胡子老頭，密林中遇見一位具有神通的隱士，甚至受太乙真人親傳，與盤古大帝對談，彌勒降生，與之相較，今天的「謫仙」、「太上夢授」、「呂祖夢傳」之類，只是「小巫」而已。但是，當年的那些位，或最終淪爲邪教，或死於非命。當然，還有一部分現在隱身於宗教門頭下，繼續做着自己的修煉生意。前幾年，某先生親見柳華陽真身，並得其指授真訣。隨後，此公對當前的丹道人士及方法，大肆撻伐，結果壽考尚不及其他普通修道者。更有甚者，據說其還是因惡疾而亡。

中國從清末開始，謫仙、轉世之類的事情就很多，並依之形成了「會」、「道」、「門」盛行的時代。據相關資料表明，當年全國的「會」、「道」、「門」組織，約有四千多個。這些組織，或獨立存在，或隱藏於一些正教名下，或藏身於一些組織內部，他們與宗教、修煉都有着千絲萬縷的關係。其中，有一部分最終發展成爲了邪教，有一部分最後成爲非法武裝組織。這種現象，在新中國成立初期，進行過一次整頓。然而，直到現在，一些隱藏在民間的類似於「會」、「道」、「門」的組織、活動或者相類似的言論，依然存在。

在明末時，山東巡按報奏，說淄川孫之獬夢見關公。關公告訴孫之獬，說你們安心守城，我以神兵出戰。第二天早上，孫之獬去看關公的塑像，發現其汗如雨下。熊汝霖聽說後，評價到，當時戰事，使山東十分之七八的州縣失守，關公如何會只顯靈於淄川？孫之獬是魏忠賢一黨的逆臣，爲士林所不屑，爲什麼關公要降夢於這種人？說這種話的人，「不過欲借神異之說，達其姓名於御前，以爲異日燃灰之地。縣官從而和之，奇矣。按臣不加駁正，而據以入告，何異夢中說夢也」！

當此科學時代，我們的見識尚不如三百多年前的老先生，豈非「可笑可憐而可悲」乎？

二〇一七年五月二十八日農曆丁酉年端午前二日蒲團子於玄玄居

讀少林拳術秘訣雜記

陳攖寧先生在讀化聲叙的感想一文中曾言：「孩子們看小說，最歡喜的是西遊記、封神榜、濟公傳一類的神怪小說，其次是水滸、彭公案、七俠五義一類的武俠小說，再其次方是三國演義、說唐、征東、征西、岳傳等歷史戰爭小說。最討厭的是紅樓夢、花月痕、儒林外史、品花寶鑑、官場現形記、九尾龜、繁華夢等類愛情社會小說。一個孩子是這樣，十百千萬個孩子，也是這樣。因此可以曉得人類的先天根性，就是布滿了神怪種子，兼帶點俠義的氣味。除此而外，什麼愛情呀，倫理呀，國家社會呀，道德學問呀，完全是不相干的事。我們不要笑他們知識幼稚，要曉得這纔是人類先天本來的根性。」

大約是二〇一三年夏季，我去蘭州。受友人之託，順道拜訪一位篆刻名家。老先生七十多歲，我去的那天，其身體微有不適。除了帶去朋友捎的禮品外，我還送給老先生一本胡海牙文集。老先生隨手翻閱一過，發現裏面是修道與武術的內容，便非常感慨地說，自己年少時也對此道很感興趣，但是一直没有人教授，一生引以爲憾。老先生的話，實爲陳攖寧先生「人類的先天根性，就是布滿了神怪種子，兼帶點俠義的氣味」之言的一個佐證。

我們「七〇後」這一代人，對武術的熱愛，大都是受電影少林寺系列及金庸、梁羽生、古龍等新派武俠小說的影響。特別是二十世紀八十年代，中國大地上一場轟轟烈烈的「氣功潮」、「武術潮」，讓我們這一代人，更有機會從各個方面去接觸、瞭解這種過去傳承較爲隱秘的學問。我認識的朋友中，不少人家中就藏有與武術相關的器械或書籍。

我對武術感興趣，是在十來歲。當時學校的教材上有相關的內容，但農村的學校，没有真正懂此道的老師。後來經常從同學那裏看到一些書，就照着瞎比劃。大約一九八九年的時候，從一位同學手中借得一本介紹武術氣功方法的書，就照書中所載開始練習。後來慢慢積攢錢，開始自己買書。那時農村孩子能買一本書是很不容易的，得從各個方面省錢。而這些跟學業無關的書，還不能讓家裏的大人知道。

最初看到少林拳術秘訣，是一九九〇年前後，在同村一位友人家。當時因爲此書無有標點、圖譜，故只隨手翻閱一過，未作深究。一直到二〇〇〇年以後，開始收集一些丹道、武術方面的書籍，少林拳術秘訣也在其列，但也未作詳細閱讀。

前段時間，因研究某問題查閱資料，見少林拳術秘訣一書中有相關記述，始從頭到尾，將此書詳細閱讀一番，受益頗多。對自己關心的一些問題，也有了新的認識。

外家拳與內家拳

今人談及外家拳與內家拳，每每引用兩則論述：一是黃宗羲所撰王征南墓誌銘所云「少林以拳勇名天下，然主於搏人，人亦得以乘之。有所謂內家者，以靜制動，犯者應手即僕，故別少林爲外家，蓋起於宋之張三峰」諸語；二是張三丰全集引王漁洋所云「拳勇之技，少林爲外家，武當張三丰爲內家」之言。並因此兩語，多謂少林主於外功，偏於剛猛，寡於內修，故其技稱「外家拳」；武當重視內修，偏於靜柔，以靜制動，故其技稱「內家拳」。

尊我齋主人少林拳術秘訣第十二章明季少林之變派云：「自明代以來，凡談技擊者，遂有內家、外家之派別。何以謂之內家？即塵世間普通之稱。如佛門之所謂在家、出家是也。外家者，即沙門方外之謂，以示與內家有區別也。」此處將正式出家之少林傳授稱之爲外家，意爲方外之士，將未正式出家而得少林之傳者，謂爲內家，意爲方內之人，而不是以「少林以拳勇名天下，然主於搏人，人亦得以乘之。有所謂內家者，以靜制動，犯者應手即僕」之觀點來區分內家與外家。因爲尊我齋主人認爲，內家拳法始自少林拳術。

少林拳術秘訣明季少林之變派云：「張全一，名君寶，號三丰者，明史僅記其貌頎而偉，軀形鶴背，大耳圓目，鬚髯如戟，寒暑惟一衲一簑，所啖升斗輒盡，能一日行千里，又日與其徒游武當山，創草廬而居之，明太祖聞其名，於洪武十四年遣使覓訪而不得。此等記載，闕略太甚。蓋以三丰，綽號張邋遢，爲明時技擊術之泰斗，先居於寶鷄之金臺觀，後學道於鹿邑太清宮，於少林師法練習最精。後遍游於川蜀荆襄沔漢間，其技更進，能融貫少林宗法，而著力於氣功神化之學。晚年更發明七十二穴點按術，爲北派中之神功巨子。蓋張本遼陽懿州人，至今燕趙齊魯間，雖數百年來，猶有奉其法若神明者。而明史僅言其授徒居武當山，既不言其所操何業何術，則張以何授徒，又以何術而爲太祖所知，與遣使尋覓之故，皆不詳細載明，洵方伎傳中之一大缺點也。並有李東山者，與張同時，亦以技術顯，爲南派中之巨子，且精風角、奇門、六壬、推步之學，明史未有傳。可見當時士大夫於此多不甚重視，此吾國技術之所以日就式微也。」又云：「惟自張氏全一，以俗子內家，忽而傳外家之衣鉢，而又創明點穴之法，於是緇衣之徒，亦相率宗之，其他更無論矣。故少林家法，至張氏而一變。但張氏穴道之術，先本得之於道家馮一元，實只三十六手，其中有輭麻穴九，昏眩穴九，輕穴、重穴各九。合之爲三十六點按手……然張氏之點按術，雖爲少林別開生面，究非佛門立法之本旨。」此段記述，意在說明內家拳始祖張三丰及其內家拳術，源出少林家法。

黃宗羲所撰王征南墓誌銘記云：「三峰爲武當丹士，徽宗召之。道梗不得進，夜夢玄帝授之拳法。厥明，以單丁殺賊百餘。三峰之術，百年之後，流傳於陝西，而王宗爲最著。溫州陳州同，從王宗受之，以此教其鄉人，由是流傳於溫州。嘉靖間張松溪爲最著。松溪之徒三四人，而四明葉繼美近泉爲之魁。由是流傳於四明。四明得近泉之傳者，爲吳崑山、周雲泉、單思南、陳貞石、孫繼槎，皆各有授受。崑山傳李天目、徐岱嶽。天目傳余波仲、吳七郎、陳茂弘。雲泉傳盧紹岐。貞石傳董扶輿、夏枝溪。繼槎傳柴玄明、姚石門、僧耳、僧尾。而思南之傳，則爲王征南。」黃宗羲之子黃百家師從王征南，其所撰王征南先生傳云：「蓋自外家至少林，其術精矣。張三峰既精於少林，復從而翻之，是名『內家』。得其一二者，已足勝少林。」這裏也認爲，張三峰精少林拳術。

黃百家所說的「張三峰」與尊我齋主人所說的「張三丰」是否同一人，學界尚有爭議，但內家拳出於少林，則是他們的共識。

金一明武當拳術秘訣內家拳之名稱云：「技擊之術，至今漸已昌明，無知之士，妄言家數，每有擅一技之長者，輒侃侃言曰『吾內家拳也』，或擅一拳之能，亦炫燿以欺人曰『吾外家拳也』。若詢其何謂內家，何謂外家，甚至有謂內家專於內功，外家專於外功，更有內家不能勝外家，又有內家以柔勝、外家以剛勝，是直目內家爲軟功、外家爲硬功矣。」蒲團子按：金一明所著武當拳術秘訣出版於一九三一年，其所謂「有謂内家專於内功，外家專於外功」、「又有内家以柔勝，外家以剛勝」之說，在當時的武術圈内是何種認識，不得而知。但這種說法，近今頗爲流行，幾成内家拳者之共識。至於說「更有内家不能勝外家」，則與愚所聽聞者不同。愚所聞者，多爲「内家勝於外家」。黃百家亦云：「得其一二者，已足勝少林。」又云：

「莊子云：『彼游於方之外者。』故釋子稱曰『方外』，是爲外家名義之始。故沙門弟子，欲與俗人有所區別，嘗稱原有之家曰『俗家』，稱剃度之所曰『外家』。故少林派世稱爲『外家拳』。至於『内家』二字，本指宮人之稱，猶言『内府』『内侍』也。張三丰欲另樹一幟，以示與少林有所區別，故自稱其拳曰『内家拳』。閱此當知命名之義，並非内家專精内功、外家專精外功明矣。」此論大意，與尊我齋主人所述相類。

武當拳術秘訣内家與外家不同之點又云：「同爲一拳，何以有内外家之分？豈内外家亦有不同點歟？曰：然。蓋外家之有拳術也，本非用爲殺人禦敵之用，緣因佛氏之禪功，喜靜而不喜動，每有因趺坐參禪，因之精神疲敗，萎靡不振者。佛法雖外乎軀殼，苟欲其靈魂與軀殼相離，而至出定入定神化之境，亦非先修强身之道不可。軀殼强，而後靈魂易悟。故於禪功而外，每有取鶴鹿之神情，而爲練習拳功之姿勢，取其一靜一動，一陰一陽，剛柔相濟，相輔而行，迴環運用，有相尅相生之效，以補禪功之不足，而促成明心見性之功能。此爲少林有拳術之真理。是以其術不易輕傳俗人，非沙門釋子，不能參透其中三昧，故爲世人所嫉視。」又云：「世雖稍稍知其術，然諱莫如深。斯時張三丰應運而生，秉天賦之偉姿，過人之智識，慨其術之不能見用於世，而反見嫉於人，遂以研精，再變其戰鬥防身之秘法，而爲主於禦敵之秘訣，授術收徒，著述謄抄，公諸天下，其派遂大興。」並述內外家之不同云：「外家拳，少林派，以調呼吸，煉百骸，進退敏捷，剛柔相濟爲主；內家拳，武當派，以强筋骨，運氣功，靜以制動，犯則立僕爲主。」

不論是黃宗羲、黃百家筆下的張三峰及其內家拳，還是尊我齋主人、金一明等所述的張三丰及其內家拳，其歷史淵源，自有史學家、考據家研究論證。若論今世對內家拳與外家拳的定義，我認爲，不同之處頗多。如今世以太極拳、八卦掌、形意拳爲主內家拳，其指導理論，與中國道家傳統的陰陽五行、八卦九宮學說息息相關，也與老莊學術密不可分。而且，當今流傳之內家拳，與丹道之修煉，也頗有關係。這已遠遠不是技擊與舒活筋骨所能局限的了。而今世所謂的外家拳，則重於明勁，疏於內勁與化勁，與少林拳術秘訣中所謂的外家拳不同。

當然，在尊我齋主人少林拳術秘訣明季少林之變派也清楚地說明：「據少林師法巨子所傳授，謂少林自明季以後，已由釋宗而與道術相參貫，即如五拳之氣功，其中已十分之九係道家修養功夫，可謂釋道合併之徵矣。」這也說明，所謂的外家拳與內家拳，在真實意義上，其實並無明顯的區別。蒲團子按：根據尊我齋主人所述，內家拳始於明季，而明季之少林拳已結合了道家的內容，「可謂釋道合併」，故後世的之內家拳與外家拳之稱，當爲習稱。

胡海牙老師曾隨海燈法師學習過少林羅漢拳即少林羅漢十八手。此外，海牙老師還從海燈法師學習一種名爲「四巴掌」的功夫。這種「四巴掌」功夫，與胡海牙老師所得太極拳中之操手法，有異曲同工之妙。又如少林拳術秘訣南北派之師法李鏡源之技擊術引三原某寺僧之聽息法云：「每於朝夕演習時，從容運使，不可著力。出一掌也，當平肩直腰，若氣自肩腋而來，直貫於掌緣、五指之尖，靜心聽之。臂彎指掌間，似有膨脹伸張之意。」此與內家拳家法之掤勁，有相若之處。其繼之云：「坐立行動，總以氣息沉靜爲主。久之習養功深，無論如何跳躍，氣亦不爲之喘促。此技擊家所謂下實則輕，即鍊氣不浮之功效也。」此亦頗合內家拳拳理。由此也可知，從拳法真正之內核來看，無有明顯的內家、外家之別。

尊我齋主人書中將沙門稱外家、俗家稱內家，有其一定的道理。後世則將以太極拳、八卦掌、形意拳爲主的練習方法稱爲內家，將以少林拳法爲主的練習方法稱爲外家，基本上已形成定見。還有一種說法，就是用內行與外行來界定內家與外家。然無論依何種理論來區分，只是稱謂上之方便而已。

少林拳法之淵源

少林拳術秘訣載：「達摩師由北南來時，居於此寺，見徒從日衆，類皆精神萎靡，筋肉衰憊，每一說法入坐，則徒衆即有昏鈍不振者。於是達摩乃訓示徒衆曰：『佛法雖外乎軀殼，然不了解此性，終不能先令靈魂與軀殼相離，是欲見性，必先强身。蓋軀殼强而後靈魂易悟也。果皆如諸生之志靡神昏，一入蒲團，睡魔即侵，則明性之功，俟之何日？吾今爲諸生先立一强身術。每日晨光熹微，同起而共習之，必當日進而有功也。』於是乃爲徒衆示一練習法，其前後左右共不過十八手而已。」此即所謂的十八羅漢手，又稱少林羅漢拳、少林十八羅漢手或達摩祖師十八羅漢手。

少林拳術秘訣繼云：「至達摩師圓寂後，徒從星散，幾絕衣鉢。數百年後，乃有覺遠上人……因事而剃度於此……得此而變化增益之，共爲七十二手。」後覺遠上人遇白玉峰等，又將七十二手增演爲百七十餘手，分爲龍、虎、豹、蛇、鶴五式。少林拳術秘訣第七章拳法歷史與真傳之五拳精意謂：「少林技術，自白氏而宗法一變，本爲强身之練習，繼乃成技擊之絕學。」

從尊我齋主人的少林拳術秘訣來看，少林拳法是從達摩十八羅漢手增演而來，從强身之法演化成爲技擊之術。

朱霞天在羅漢拳圖影序中，談及自己所得之羅漢拳及少林拳法的傳授規矩。朱霞天云：「此拳余受自第三業師。師法號企岳，係出少林，傳少林當代邁殊大師衣缽，功精內外。余北面執禮躬承提命者凡六年，惜限於天資，未窺堂奧，只涉蹊徑而已。惟師愛余甚，末後乃以此拳授余，並謂余曰：『此乃少林護山法拳，捨達摩點穴拳外，當推翹楚。少林拳藝震天下，然率皆混稱曰少林拳、少林棒，而不知少林系中，尚有三乘十二門也。子丑寅卯爲上乘，辰巳午未爲中乘，申酉戌亥爲下乘。上乘恃以護山，向不外傳。外傳者，僅中乘，而又以午門爲多。至上乘中之子門拳，不但拳不外傳，并名亦不使外溢。』」朱霞天羅漢拳圖影又名少林護山子門羅漢拳圖影。其序文中所述，也說明了羅漢拳傳授之珍重。

其實，不論武術，還是丹道，在過去出於書籍流通較少，又因保守、慎重等個體因素，傳承都比較隱秘。這種情況，一直到清末民初，由於西學的傳入、出版業的發達及文化與國思想的興起，纔慢慢有所改變。在民國年間，曾出版了大量的武術書籍與丹道著作。這些著作，也將以前秘不外宣、心傳口授的內容，通過紙質載體保留了下來。這些著作，即使在今日，依然爲武術愛好者、研究者所鍾愛。雖然，這些資料未必能將先輩流傳下來的學術毫無保留地呈現出來，但至少讓更多的人瞭解到這些學問之概況。這些著述的出版，不僅為武術、丹道等學術研究提供了資料，也補充了史志研究中之遺漏。

少林拳法精義

《少林拳術秘訣》中用了一個詞，即「柔術」。從全書文義來看，這個「柔術」，當指少林拳法，或指由羅漢十八手及其演化來的拳法。唐豪曾經將「柔術」一詞判定為來自於日本，是指技擊而言。但從《少林拳術秘訣》一書來，當不限於此。

《少林拳術秘訣》第一章氣功闡微開篇即云：「柔術之派別習尚甚繁，而要以氣功為始終之則，神功為造詣之精。究其極致所歸，終以參貫禪機，超脫於生死恐怖之域，而後大敵當前，槍戟在後，心不為之動搖，氣始可以壯往。」又云：「氣功之說有二：一養氣，一練氣。養氣而後氣不動，氣不動而後神清，神清而後操縱進退得其宜，如是始可言命中制敵之方。顧養氣之學，乃聖學之緊要關鍵，非僅邈爾柔術所能範圍。不過柔術之功用，多在於取敵制勝之中，故於養氣為尤不可緩也。練氣與養氣雖同出於一氣之源，覺有虛實動靜及有形無形之別。養氣之學，以道為歸，以集義為宗法。練氣之學，以運使為效，以呼吸為功，以柔而剛為主旨，以剛而柔為極致。及其妙用，則時剛時柔，半剛半柔，遇虛則柔，臨實則剛，柔退而剛進，剛左而柔右。此所謂剛柔相濟、虛實同進也。」僅從這段文字來看，與當今內家拳法的宗旨幾無大異。

少林拳術秘訣第九章禪宗之極軌云：「柔術之學，人則強筋壯氣，健神凝和，有長生視息之益；小則亦可防身護體，濟弱扶傾，獲一己安寧之福。」此說更與當今內家拳法之理有共通之處。

禪宗之極軌又云：「禪宗尚靜悟，貴解脫，以入定爲功夫，以參證爲法門，能於此而有所悟入，而後性靜心空，脱離一切罣礙，無罣礙斯無恐怖矣。無恐怖則神清，神清則氣足，氣足則應變無方，隨機生巧。如是而後，明於法而不拘於法，沉其心而不動其氣，斯道至此，始可告大成矣。」此又是拳禪合一進乎道的一種境界。故又云：「上乘之技擊術，總以有幾分禪機，方能活潑鎮靜。」

少林拳術秘訣第十章南北派之師法李鏡源之技擊術引三原某寺僧所云：「蓋技擊之爲道，雖屬衛身強體之術，而終含有幾分克敵制勝之意。質而言之，即謂之曰『殺人之術』亦無不可。」又云：「佛門只有慈悲度世，未聞練習傷人之技術者。世俗動以技擊衛身爲口頭禪，其實，朝夕動躍間，總不能離却襲擊他人之念。此念一起，即是意孽。意孽生而魔障叢集，是乃與佛氏悲智交修之旨大相違背。自達摩師之練身法門傳播以來，世俗動以禪地爲拳脚之場，儼若空門中必須於入定餘暇，用其力於此。不知此乃大謬之見。顧達摩師當日創此宗法者，亦一時權宜之計，究不離乎靈魂軀殼交相修養，始克涅槃證果，悟徹真如。並非我佛門中定有此一段初學鍛鍊身手之功。」這也重點申明了佛門正旨及少林技擊術的真實作用與利弊。

少林拳術秘訣附雜錄各宗師巨子遺言引覺遠語云：「嘗有用蠻野法，或以拳衝石；或以掌插沙；或猛鼓其胸肋腹臂之氣，而使人用器或手頻擊之，而强忍以爲不痛者。故常見此種人之手臂指掌等處，皮膜厚結如鐵殼。不知是種蠻野法，乃鄉曲里巷中之下乘拳師所爲。正所謂『野狐禪』、『門外漢』一流，何足語於上乘之神技妙術乎？故此種人常有因習技術而妄用其力以殘身而殞命者。此豈先輩創立技術之微意耶？」此則闡述了上乘工夫與下乘工夫之區別。又載一貫禪師引某師言：「世間無論何種技術，有有形者，有無形者。有形者可傳，無形者難授。人之一身，雖血氣無殊，精神相等，然其微妙處，或力巧而功不深，或功深而氣不靜，或氣靜而神不完。如是則終只能到中乘地步，求其臻入上乘，有超神入化之功，戛戛乎其難哉！……由是觀之，則技擊一術，雖是小道，常有學技數十年，終不能深窺門徑者，從可知也。」此又申明拳禪合一進於道的意義。

少林五拳

少林拳術秘訣明季少林之變派載：「少林之拳式，以五拳爲最著。一曰龍拳，二曰虎拳，三曰豹拳，四曰鶴拳，五曰蛇拳。此五拳者，各有其妙用。龍拳練精，蛇拳練氣，虎拳練力，豹拳練骨，鶴拳練神。精而習之，不惟有龍行虎奔之效原注：此「龍」「虎」兩字，即道家黃白燒丹術所謂「龍者，即太液之津；虎者，即流行之氣也」，而且獲却病延年之益。蓋五拳之手法，共一百七十三手，依少林技擊工夫之次第，須於一切普通運氣使力及各種馬步、手法等俱習之嫻熟，而後始可練習五拳術。至五拳之次第，以虎、豹爲先，蛇次之，鶴又次之，龍拳最後。蓋以龍拳之使用，全用氣工爲主，周身矯如游龍之行空，所謂骨節通靈，身心手足均一氣貫串，上下相印。然此非數年工夫，不易到此境界。據少林師法巨子所傳授，謂少林拳自明季以後，已由釋宗而與道術相參貫。即可五拳之氣功，其中十分之九，係道家修養功夫，可謂釋道合併之徵矣。」

據少林拳術秘訣記載，少林拳法自覺遠一變，將原十八羅漢手增演爲七十二手。後覺遠與白玉峰、李叟等又在七十二手的基礎上發展爲五拳百七十三手。據考證，覺遠爲金元時期人，可知五拳當創於此時。在這段文字中，提到五拳「不惟有龍行虎奔之效，而且獲却病延年之益」，並稱「五拳之氣功，其中十分之九，係道家修養功夫」，這些與現在內家拳法之宗旨亦相若。又如龍拳「全身氣工爲主，周身矯如游龍之行，所謂骨節通靈，身心手足均一氣貫串」，亦頗合太極拳經所謂「一舉動，周身俱輕靈，尤須貫串」。

馬春於一九八一年出版的强身氣功中曾有關於五拳樁功的記載。强身氣功前言記載，清雍正年間，山東有一少林寺，係嵩山少林寺之支脈，其僧人百二十八位均精武藝，後該寺遭雍正朝焚燒，僧人多被殺，只有二十二人逃脱，其中五人落户馬家，遂傳藝於馬家，後形成了馬家功法。二十世紀五十年代，胡耀貞亦曾問學於馬春。强身氣功站樁功記錄了十種樁功，其中就有豹拳樁、虎拳樁、鶴拳樁、龍拳樁、蛇拳樁。强身氣功站樁功云：「五種樁法，來源於少林寺。相傳當年達摩創立了豹拳、虎拳、鶴拳、龍拳、蛇拳等五拳。作爲這些拳術的基礎，創立了五種相應的樁法，分別爲練力、練骨、練精、練神、練氣。這種樁法是一套，練法有一定的順序。即先練豹拳樁，再依次練虎拳樁、鶴拳樁、龍拳樁、蛇拳樁。」這裏記述的創拳歷史、五拳之順序，雖然與少林拳術秘訣有不同之處，但其本旨則無太大分別。强身氣功記載，豹拳樁練力、虎拳樁練骨、鶴拳樁練精、龍拳樁練神、蛇拳樁練氣。並云：「如果說豹拳樁主要能使人增强體力、能喫苦耐勞，虎拳樁主要是强筋健骨，鶴拳樁主要是壯腎培本的話，那麼，龍拳樁的功能就在於改善人的素質，提高人的靈活性，增强應變的能力。」又云：「蛇拳樁主練脾。古人說：『脾臟主意。』故練此樁，主要是練意氣合一，進一步練丹田之氣。而且，按照五行的說法，脾屬土，能和合四臟，有統一上述四種樁法的功能。即通過氣，將神、精、骨、力融合成爲整體。」又云：「在此基礎上，還可以進一步練豹拳、虎拳、鶴拳、龍拳、蛇拳等。」這些記載，或許能够補充少林拳術秘訣之闕略。

關於五拳之創，尊我齋主人少林拳術秘訣云：「考五拳創始之旨趣，係取法乎漢之華佗氏，不過略爲變通而已。顧華氏之術，名爲五禽之戲。一曰虎，二曰鹿，三曰熊，四曰猿，五曰鳥。而五拳師承其意，只將鹿、熊、猿三者，改爲龍、豹、蛇。而鳥之術，仍襲其意，不過變鳥之虛稱而爲鶴之實指。可見五拳之淵源，固有所本，不得謂爲少林之特別開創也。觀達摩師之言曰：『靈魂欲其靜而悟，軀殼則欲其健而通。非靜則無以證悟而成佛，非健則無以行血而走氣。故體須勤勞得中，使筋暢神怡，而後靈魂無拘殢瘁弱之苦。』華佗氏之言曰：『人體欲得勞動，但不當使極耳。動搖則谷氣得銷，血脈流通，病不得生，譬如户樞，終不朽也。是以古之仙者，爲導引之術，熊經鴟顧原注：莊子曰「吐故納新，熊經鳥申，此導引之士、養形之人也」，引挽要體，動諸關節，以求難老。倘體有不快，起作一禽之戲，則怡然汗出，身體輕便而思食。』廣陵吴普從之學，年九十餘，耳目聰明，齒牙完堅。可見兩師之意，均爲健身身體起見，故其言若合符節。迨流傳既久，漸失其真，而內、外家又互相雜糅參合，乃竟以是爲搏人之技。降及元明時代，內家之術盛行，而南北兩派中，又名家輩出，且各樹一幟，以爭雄長。雖術則因此日進於精微，而不肖之徒遂挾此以爲好勇決鬬之具。」這裏有幾個層面的意思。一是五拳之創，是中華民族智慧結晶之融合，無所謂始自何人。故出於少林達摩一脈，源於華佗五禽之戲，成爲後世外家武藝之要。究其實際，五拳之創，是人們根據動物形態、動作及生存中所表現之行爲，摹仿而來。無論是華佗之五禽戲，還是少林之五拳，乃至後世的象形拳，基本上都是如此。故而，少林拳術秘訣中如此說法，也是比較客觀。二是無論華佗還是達摩，他們最初的目的，是爲了强健筋骨，舒活氣血，只是後來慢慢演變爲技擊之術。三是後世挾此技者，不求根本，將本來養生之道，化爲好勇狠之具，更遠離祖師本意。

其他

少林拳術秘訣拳法歷史與真傳云：「此乃依尋常世俗之通稱，故名之曰拳法。其實各名家巨手，少有用拳者。」又云：「試觀吾少林所練習之手式百七十餘手，用拳者不得十分之一。即用拳矣，亦不過握虎爪，從未有五指齊握之平拳也。蓋以平拳而出，乃見笑於方家之事。即以實用而言，平拳之制勝，力分而不中要害，又何濟於實用乎？」胡海牙老師曾與我談太極拳時，也說到太極「拳」的問題。老師說，太極拳中握拳的式子，只有幾個，而且名曰「捶」，不曰「拳」，如搬攔捶、肘底捶、撇身捶、栽捶、指襠捶，是知太極拳之「拳」，不是五指曲握之拳。此說，與少林拳術秘訣所云有相似之處。

少林拳術秘訣第十章南北派之師法滕黑子之技擊術中，引曹玉廷所傳云：「先立樁步，挺腰坐馬，聽氣下行，沉心寂慮，兩目直視，不許放鬆，又不許著力。每日朝夕兩次。五更起身，即站習馬步。每次必站百字原注：即站時默數一至百之度數。倦則少憩再站。度數則由百以增至百五十，或二百。惟初時頗不易，稍立即覺兩腿痠麻，脚脛無力。初學之始，必須換力。習之旬月，俟舊力悉去，新力漸生，此種力量始能經久不變，始能日起有功。如是而後，可謂之實力、沉力。試觀鄉鄙之夫，亦常有兩臂能舉數百斤者，迨至年齒漸長，而力亦漸退。此其故由於未經練習，所有筋力俱浮而不沉、虛而寡實，一與技術家相搏，則其氣力不知消歸何處。可見，氣力在於練與不練之分。而練習之道，又在乎得法與不得法，不可忽略輕視也。」此段記述，好道、好武之士，當注意及之。今之學道、學武者，常會被一些一步登天、短期速成之類言論所迷惑，不知真正的工夫，是從勤習中得來。雖說須要師傳口授，然徒有傳授，不下工夫，鮮有成功。

餘論

我年少時也曾對武術一道很感興趣，可惜無人教授，盲修瞎煉一番後，遂自作罷。後來從胡海牙老師學習，老師常常談起一些武學知識，特別是詳細講解太極拳知識。只是，那個時候對武術一途已沒有年少時的興趣了，故而時作時輟。雖然老師每每督促，然自己疏懶，終無進境。今因研究某話題，再閱收藏多年之尊我齋主人所著少林拳術秘訣，獲得了不少以前未曾注意的知識。不可否認，尊我齋主人之述，有其局限性。其中部分內容，也存在爭議。這些都是很正常的事情。拳法與丹道，在過去都是比較保守的，故很多方法、傳承歷史，都是師傳口授，很難在史誌中覓得真蹤。對於喜好武術或丹道之士而言，其中之內容當更爲重要。我讀此書頗有感觸，故將自己閱讀之隨筆整理成文，或可供閱讀此書者作爲參考。

二〇一六年二月二十五日農曆丙申年正月十八蒲團子於存真書齋

讀陳攖寧仙學必成之「誡條」

仙學必成一書，是陳攖寧先生一九四五年在南京孟懷山先生亞園居住時所作。有人因爲書末有「中華民國三十六年十月三十日」的落款，認爲此書應該成書於一九四七年。但我經過對頂批等内容，及陳攖寧先生一九四三年至一九四五年在亞園居住過的事實，認爲此書當作於一九四五年。特別是此書正篇文末補錄「以太」之說時，有頂批云：「孟、謝、方、朱鈔本無此一段。此乃乙酉年陰曆五月廿一日所增補。當日高堯夫君由大英百科全書中鈔一段原文給我，惜稿件散失，難以尋覓。此段乃譯文，無意中發現，恐其再遺失，遂補錄於此。」陳攖寧先生的夫人吴彜珠女士故於一九四五年陰曆正月下旬。陳攖寧先生在仙學必成之篇前語中有一句「痛仙侶之折雙」，並有頂批云「余妻死於三十四年陰曆正月下旬」，可知此書落筆於其逝後，也就是一九四五年正月下旬之後。篇前語又有小字注云：「始於陰曆三月十三日，成於陰曆四月十五日。」結合「孟、謝、方、朱鈔本無此一段。此乃乙酉年陰曆五月廿一日所增補」之說，可以確定此書最初成於一九四五年的農曆四月十五日。記得當年曾有人就「兩睹月圓」一語提出質疑，認爲在南京未必每月十五都有月亮出現。

特別又是農曆三四月間，更難「兩睹月圓」。其實，此語可理解爲真實情景，也可以理解爲作者的一種記時手法。只是當年對「兩睹月圓」提出質疑的人，目的或並不在於此。

仙學必成一書，現在流傳有兩種本子： 一本是胡海牙老師藏本，一是現在流傳很廣的手寫本複印件。只是這個複印件的正文缺少一些内容。文末「民國三十六年十月三十日」，在這兩種本子中都有。從寫本的完整程度來看，仙學必成應該完善於一九四七年，也就是「中華民國三十六年」，而胡海牙老師藏本當更爲完整。

誡條寫於仙學必成一書的首頁，陳攖寧先生在「誡條」二字下小字註明「後列九條，宜寫在封面，今姑且錄於本篇首頁中」。也就是說，陳攖寧先生認爲，此「誡條」很重要，應該書於仙學必成一書的封面，以示警醒。

也有人曾談及，陳攖寧先生對此書立「誡條」一事，是否有「江湖」之嫌。其實，這本書的本意只是給自己身邊有一定程度的弟子所留之學仙規程，「以筆墨代口授耳」，並無公開發表之意，也嚴禁弟子輩公開發表。這是陳攖寧先生與弟子間之約定，無關他人，故無「江湖」之嫌。

誡條一 此書只許本系統内諸友鈔錄，不可讓外人鈔錄。

蒲團子按　這句話明確地說明了「内外有别」。記得當年曾有人爲陳攖寧先生「仙學派」一事發生爭議，認爲不應該以「江湖門派」來局限陳攖寧先生及其仙學學術。更有人認爲，「道爲公器」，應該是公眾的，不應該掌握在少數人的手裏。並稱陳攖寧先生一直主張大道公開，不應該對學人區别對待。「誡條」劈首一則即清楚地説明了「内外有别」。其原因何在？蓋陳攖寧先生往年弘揚大道，旨在振奮中華數千年道家、道教之精神，故而在學理方面，在研究方面，極力主張公開交流，公開討論。但對於具體的實修及口訣一層，極爲慎重。同時，對他人的實修與口訣也極爲尊重。所以，他一直主張，學理可以公開研究，但實修與口訣一層，一定不能公開，須聽憑學者自己的因緣。這樣説，並不是説要主張門户觀念，只是想説明，在實修一層，各家都有自己不可對他人言者。即如仙學必成一書，可謂明顯已極，然其中依然有不可盡情描述者。

胡海牙老師生前，也比較反對門户之見。但他在與我討論一些仙學問題時，也經常提到「内」「外」的區别。這個「内」「外」，不是門户，而是指是否志同道合，是否有共同的見解。如果志同道合且有共同見解，則在一定的原則下，方可共同研究，共同學習。

再者，「派」並不一定是指江湖門派，歷史上以「派」命名的學術流派也很多。即使在今天，科學研究領域也有很多以「派」命名者。現在很多研究陳攖寧先生學術者，也常常以「仙學派」命名，只是將其視爲一種學術流派而已。

陳攖寧先生寫這本書的時候，情緒極是低落。而這種情緒延續的時間還較長。從行文來看，這本書是他向弟子們留的「產業」。但又怕被不合適的人得去，故而在書的最前面，向弟子們立下了九條誡規，希望自己的學問能正確地傳播。

誡條二　非本系諸友，若工夫已有程度，立志上進者，可先看余已經出版各書及揚善雜誌、仙道月報等。俟其對於余之學說有相當之認識，遇有機會，或可將此書給他一觀。但只能來家閱覽，不可借出門，更不可鈔錄。

蒲團子按　這裏繼續申明「系統内」與「系統外」。如果不是内部人士，但工夫有了一定的程度，還希望繼續上進，可以先從陳攖寧先生出版的各種書中來瞭解陳攖寧先生學說與思想。如果此人對陳攖寧先生的學說與思想有了相當的認識，時機成熟，可以讓其看一看仙學必成。但只能到「本系統」人士的家中看，不能借出，更不能鈔錄。

陳攖寧先生的仙學學術，雖然在一定的群體內頗受認同，但同樣也有不以爲然者。陳攖寧先生在這裏闡明，如果有一定工夫且欲繼續上進者，在看了陳攖寧先生的著作後，對其學說與思想有所認同，那麽就可以讓其閱覽仙學必成一書。但因爲此人不是「本系統」之人，所以不能借出，更不能讓其鈔錄留底。如果這個人看完陳攖寧先生以前的著作，並不以爲然，那就不需要將仙學必成給其閱覽。這裏的「遇有機會」，一是指與「本系統」有相同的見解，二是指其人能到「本系統」人士的家中。

從古到今，從事修煉者，特别是一些仙學的著作中，褒貶他人是很正常的。這與個人的認識、性格及機緣有關。陳攖寧先生是道教史上，特别是仙學或者仙學中的丹道史上，不可忽視的人物。近今凡談道教、仙學，或仙學中的丹道一途者，大多都要涉及陳攖寧先生。陳攖寧先生及其成就，有歷史的必然性，也有一定的偶然性。他最初學仙，只是因爲自己的生命將絕，無可奈何之下，試圖從仙學方法中找到一種延命的法子，結果成功了；揚善半月刊創刊，陳攖寧先生只是諸多撰稿人中的一位，但慢慢揚善半月刊乃至以後的仙道月報，竟成了以陳攖寧先生思想爲主旨的「唯一仙學刊物」。他一生追求隱修，但除了早年間遊學訪道時曾有時間隱修外，晚年更加忙碌。陳攖寧先生的學術思想，是一些群體的終生追求目標。當然，也有人想方設法試圖「超越」。這都是正常現象。不正常的是，一些年輕人對陳攖寧先生的著述不甚了了，却對其大肆批評；也有人爲了能「超越」陳攖寧先生，不惜將陳攖寧先生曾批評過的，一些被歷史淘汰的、違背道德的方法當作「秘訣」，以示高於陳攖寧先生；更有自稱其對陳攖寧先生的學說，一眼就能看出錯在什麽地方者。回頭再看陳攖寧先生的這條誡規，更能體會到陳攖寧先生當時的卓見。當然，隨着仙學必成一書不完整本被公開，我與胡海牙老師也被迫將完整本整理公開。今天，這些誡條所述均已失去其當日之意義，但陳攖寧先生當時的謹慎，不是没有道理的。

誡條三　若其人確屬至誠君子，閱此書後，必欲再求深造者，須正式歸入本系統之内，方許爲他詳細說明。否則，不負解釋之責。

蒲團子按　陳攖寧先生此則誡條中，「至誠君子」一詞用得極妙，頗有難以言傳之意味。

若讀到此書的「系統外」之人「確屬至誠君子」，讀書後必定會要求更深入地學習此書所闡述的内容。換句話說，只有至誠之君子，閱讀此書後方會有再求深造之舉動。這種人如果想深入學習，必須正式歸入「本系統」。

須知，這本書及書前誡條，是其爲「系統內」學生所留，所有的要求都是對「系統內」學生的訓誡。故而，這本書的文字，都應該是極其真實的，也是真實反映陳攖寧先生當時的一些態度的。從其用「至誠君子」一詞，及其在「至誠君子」四字下加着重號，可知其對自己這本書的內容極其自信。

即使「至誠君子」，也必須歸入「本系統」內，方可以給其詳細說明。這裏也說明，本書雖很明顯，但還是有須要親口解釋的內容存在。

當然，如果不屬「至誠君子」，就不必要爲其解釋了。因爲，如果不屬至誠君子，看了此書也不會要求繼續深造，更不會加入「本系統」，所以也就用不着給其解釋了。

誡條四　關於實行工夫，先天、後天各種作用，余遵守師誡，未曾詳細寫出。況且此等作用，亦非筆墨所能形容。望諸友嚴守秘密，勿忘當日各人自己之誓詞。

蒲團子按　此條再次叮囑「系統內諸友」，自己未將實行工夫完全寫出，也希望獲得此書者，能記得當年正式加入「本系統」時所立的誓詞。

從現有的資料來看，陳攖寧先生依古制收納的弟子有孟懷山先生、胡海牙老師。

據胡海牙老師記憶，當年在上海還依古制收納過一位女弟子。陳攖寧先生的夫人吳彝珠女士在靈源大道歌白話注解吳彝珠跋中也曾提到自己依古制拜師的情景。陳攖寧先生當時稱「不能以私情而廢古制」，吳彝珠女士則「照例具表立誓行禮如儀，遂於歷代道祖仙師位下，敬恭承受超生死、脱輪迴、歷劫不變、千聖相傳、天人合一之絕學」。而關於孟懷山先生的回憶文章中，也有依古制拜師之記錄。胡海牙老師更是在張竹銘先生與孟懷山先生的見證下，正式依古制拜陳攖寧先生爲師的。這是否是陳攖寧先生的規矩，不得而知。但從此則誡條來看，陳攖寧先生對正式學習仙學者是有嚴格要求的。

胡海牙老師重師誡而不重誓詞。他在教授學生的時候，有些話是必須告誡的，但不需要學生發誓。他認爲，如果一個人真正地心存敬畏，不在乎立不立誓詞。相反，如果輕易發誓賭咒的人，也很容易輕易背棄誓言。海牙老師的學生很多，有不少學生是在單位、朋友及家人的介紹下舉行拜師禮的。老師很有意思，記得當初有一位施小墨先生的學生要拜他爲師，他讓我算一下輩份合適不合適。我笑着跟他説，降了一輩。但最後他還是礙於面子，接受了這位學生的拜師禮。陳攖寧先生教授學生的方法我不清楚，但胡海牙老師教授學生的方法，我比較瞭解，即「公開拜師，私下傳授」。也就是說，拜師禮歸拜師禮，傳授知識歸傳授知識，對仙學口訣尤其慎重。但這個的弊端就在於，容易讓一些不相干的人借其名譽行事。現在我經常能聽到自稱得胡海牙老師「秘傳口訣」的人。

誓言一節，古今中外都有，這沒有什麼奇怪的。很多行業，特別是醫學類、宗教類、社會團體類組織，在正式入職或正式加入時，多有宣誓之活動。當年某研究社會科學者，把拜師儀式、宣誓之類視爲「江湖」，可知其對社會科學之瞭解是不够的。

誡條五　若其人自尊自滿，不屑謙下，不肯虛心，只想得便宜，此種人即非載道之器，雖十分好道，亦不可給他看。

誡條六　若其人有江湖習氣，與我輩氣味不投，雖表示謙虛之態，亦不可給他看，更不可讓此種人混入本系統之內，庶免敗壞名譽。

蒲團子按　某君當年經人介紹，到胡海牙老師家中參訪，並欲助胡海牙老師整理陳攖寧先生□□□□□一書。其初態度謙恭，胡海牙老師有意正式接受其爲弟子，並願將自己所得仙學知識一一授之。此君得閱□□□□□手本後，步步緊逼，或巧言令色，或言語逼誘，讓海牙老師將陳攖寧先生的諸手本及仙學口訣傾囊相授。

其中極爲追索者，即仙學必成一書。而胡海牙老師發現此君非爲實修，只爲寫文章，故明言告知，仙學必成一書不適合其閱讀。此君心懷不滿，認爲海牙老師未能踐行承諾，後與其門下屢屢撰文中傷海牙老師。其實，胡海牙老師正是遵從陳攖寧先生的誡條而爲。

當然，海牙老師的名下借海牙老師之名而行事者，非真正從其學問，確有「江湖習氣」者混入，這與老師當年的婆心度人有關。海牙老師認爲，可以用自己的行爲來引導、改變一些人的習氣，但事實上有些人和事是糾正不了的。

關於載道之器，陳攖寧先生在其著作中多有提及。研究仙學或丹道者中，有些人確實極具聰明。但這種學問，徒恃聰明是不够的，需要有智慧。而在訪師求道之時，「誠」之一字也極爲重要。誠如某君，既無誠意，又乏智慧，更是流氓習氣，故其未得傳授，不肯自思，反怪他人，其不能於此道有所長進也在情理之中。當然，人品卑劣，道德敗壞，更是不宜於此道也。

誡條七　此書慎防無意中被他人竊取或竊抄而去，改頭換面，出版賣錢，並防落到江湖傳道的手中，加添枝葉，當生意做。余往日已有經驗，此後望諸君勿再蹈覆轍。

蒲團子按　真正的保密，只能不立文字。只要不形成文字，纔有可能得到真正的保護。好的東西不要怕他失去，如果真的要失去，防是防不住的。陳攖寧先生雖然在仙學必成首頁書誡條九則，亦未能防止此書在若干年後被公諸於眾。因爲前輩好此道者，後輩未必亦好此道；　前輩對此書珍若拱璧者，後輩或則視如敝屣。是故，此書流落旁人之手，在所難免。仙學必成一書公開後，公開者稱胡海牙老師曾索閱複印留存，這是真實存在的。但老師也告訴我，他把全本的仙學必成也複印一份給公開仙學必成殘篇者。最早公開的仙學必成，被冠以學仙必成，係殘本。

關於仙學必成書名，內文曾兩出，均寫作「仙學必成」。但其中「誡條九」中的「仙學必成」四字，陳攖寧先生在「仙學」二字上使用了對調符號。而在附錄去病延齡方便法中，依然用「仙學必成」。可知，當時陳攖寧先生對書名還有猶豫，所以出現了同一書中書名前後不一致的現象。然孟懷山先生寫給胡海牙老師的信件，也用「仙學必成」。可知，仙學必成一書書名是沒有問題的。當日，孟懷山先生曾云，他所用的工夫，就是仙學必成與靈源大道歌中的工夫。因爲此書做於孟懷山先生家中的亞園，我在幫老師給孟懷山先生回信時，經老師同意，希望孟懷山先生能回憶一下仙學必成著作過程。可能是我當日未能表達清楚，孟懷山先生寫了一篇關於仙學的文章，除了寄給胡海牙老師一份外，另一份發表於武當雜誌，而對仙學必成的成書經過未作說明。我曾計劃有機會當面向孟懷山先生請教，不料未能見其一面。陳攖寧先生則另有學仙必成一種，與此書內容不同。

仙學必成被公開以後，公開者也加入了注釋解讀等，這是否就是陳攖寧先生所說的「加添枝葉」，也不便定論。至於出版賣錢、江湖傳道等，這些已無法確證了。因爲被公開的版本是殘本，我建議胡海牙老師將完本整理出版。海牙老師最初並不同意，認爲已經公開了，沒有必要再整理。我則認爲，與其讓殘本流行，不如將完全公開，既正本清源，也讓閱讀者能完整明白陳攖寧先生的主張。何況，此書的大部分內容已經公開，也不存在保密的問題。最後海牙老師采納了我的建議，將此完本交由我整理公開於仙學必讀一書中。

誡條八　此書鈔本，不可從郵局寄遞，防他人拆閱竊鈔。

蒲團子按　真正的流失，一般都是自己人的保管不善。雖然有外界的因素，但主要是自己內部的問題。記得當年某君撰文，提到從某處得到仙學必成書稿複印件時那種文字中所透露出的興奮及炫耀之情，也可例證這些「秘本」的意義。倒不是說這種內容公開是否正確，而是一些人對這些「秘本」的態度值得思考。

對於仙學必成，陳攖寧先生一再要求學生保密，自己在撰寫時也不敢盡情泄露，但「密」最終還是沒有「保」住。當然，除了「人」應負主要責任外，時代的問題也是不可忽視的。除了近些年在經濟思潮之下一些人的心態發生變化外，網絡時代的到來，讓世界變得更小，讓一些內容傳播得很快。同樣一份資料，在當年或許經過多番傳鈔，纔能得以流傳，而且流傳範圍也受限制。而在今日，極短的時候內就可以傳佈於世。所以，我認爲，只要形成文字的內容，就不存在保不保密的問題。因爲文字資料遲早會被發現並公佈的。

胡海牙老師認爲，仙學必成、參同契講義乃至學仙必成等，都是實地修證的內容，文字的傳授固然重要，但把工夫做到自己身上更爲重要。胡海牙老師對文字資料並不十分重視，所以不少人能從胡海牙老師處複製出陳攖寧先生的手本。雖然海牙老師也多叮囑不宜外傳，但複製者中將其流傳於外者也不乏其人。我自己也曾經歷過這種事情，將自己獲得的一些有版權歸屬且未曾公開過的資料，複製給幾位同是好道者，供其研究，並再三叮囑不可公開，而其等當日滿口應允，到手後却將部分內容公諸於眾，以炫耀己之所得。是以我後來不敢把自己搜集的資料輕易複製給他人，以免自尋煩惱。陳攖寧先生在此誡條中，多次申言保密，大約也有此類的原因。

誡條九　此書附錄中去病延齡方便法，本系諸友若自願鈔錄幾份，贈送至親好友者，聽便。但仙學必成本文要語不可抄贈。

蒲團子按　在這裏，陳攖寧先生也算是開一方便門，允許「本系統內」之人，可將仙學必成附錄中的去病延齡方便法抄贈親友，但仙學必成本文則不可抄贈。其實，從古到今，入世修煉者能按去病延齡方便法中的法門做工夫者，也不是很多。特別在現在，又居於大都市者，更難做到。因爲時代不同了，生活環境變了。我與胡海牙老師當日在藥店出門診時，曾多次告誡好道的朋友，每天能完全安靜數分鐘，乃至十數分鐘，養生作用已有了。當然，希望大家入靜的時間能長一些。但都市生活的人，特別是工作煩忙的人，很難得片刻之安靜。即使身體在打坐，思維也難以平靜，工夫很難有進步。反不如於煩亂忙碌中尋求片刻之安靜，不求其大，只求其效，或更有益於身體。待機緣成熟，正式入室用工，再用正式做工夫的方法即可。

誡條十　每一鈔本必須將前列各誡條寫在封面。頂批：第一次亞園鈔本，是將誡條寫於封面，後來各鈔本皆改於篇首。

蒲團子按　本條陳攖寧先生並未列入誡條之正文，故在標題中只提到「後列九條」。本條是再次提醒，也是以示珍重。從另一個方面，也說明了此鈔本不是最初之鈔本，在此之前尚有「第一次亞園鈔本」。事實上，在不同時期還有其他鈔本。在「誡條」之後，陳攖寧先生還有說明文字，以申明誡條的由來與意義。

說明文字一　余往年認爲，大道貴在公開，不懂古人嚴守秘密是何用意。後來閱世既深，遂知此道實有秘密之必要。即如佛教，總算是公開普度，尚且有密宗，而孔教中亦有「性與天道不可得聞」之嘆，不僅仙道爲然。設若完全公開，則此道失其尊崇之價值，人將視爲無足重輕，言者諄諄，聽者藐藐。公開之意，本欲普度，結果適得其反。

蒲團子按　在近一二十年關於陳攖寧先生學術思想的研究中，不少人提及陳攖寧先生當日在揚善半月刊、仙道月報上發表文章時，認爲旨在公開研究大道。也有人曾以「大道爲公」爲名，逼迫一些民間仙道前輩拿出自己的修煉秘訣。當然，這些人的目的難以完全得逞。因爲，仙道一途，自古即有明訓，不得輕傳匪人。

在這段說明文字中，陳攖寧先生提到自己最初也認爲「大道貴在公開」，但經過一些事情後則認爲有必要保守秘密。而從陳攖寧先生在揚善半月刊、仙道月報上發表的文章來看，他在二十世紀三十年代已經注意到大道不宜公開。特別是仙道口訣，更應該慎重傳授。

在一九三七年八月一日揚善半月刊第五卷第三期總第九十九期答湖南湘鄉劉勗純先生一文中，陳攖寧先生就曾云：「揚善刊中，雖極力提倡仙學，但止注重理論，俾閱讀本刊諸君因此可得悉仙學之派別源流，而非以傳授口訣爲事。……請求本刊公開傳道，乃門外人之意見。彼等以爲佛教、耶教概屬公開演講，爲何仙道一定要慎重其事，致違普渡之旨，而招『自了』之譏。但已經入門者，皆知此道不能公開。愚見亦不主張公開，因仙學與宗教性質不同，難以普渡故也。……各處來函問道諸君，彼等早已得師，仍欲與敝社通函研究者，在彼方自屬虛心求益，而敝社却不負函授之義務。雖偶或於派別源流上加以指導，亦不外接引緣人之意，與正式傳授口訣大不相同。」其一九五一年二月廿六日給黃懺華居士的一封信則曰：「寧往年把仙佛兩家的界限分得很清楚，但經過西藏密宗搗亂之後，竟無法再爲分清。凡是仙家專門學術，都是他們密宗所有的，又絕對不肯公開，必須正式皈依金剛上師，受過灌頂，方可得聞。而且灌頂不止一次，每傳授一個法門，必有一次灌頂，大做其生意經，收入的確不少。尚有許多邪教，烏烟瘴氣，把『道』字名稱弄得惡劣異常，使人掩耳却走。誠爲『仙』『道』之大不幸！我若提倡仙學，須防密宗徒竊取而去，作爲傳法斂財的工具。雖然他們自誇已經有了，但不過粗枝大葉，決不能像專門仙學之精深而廣博，若再公開的發表，正是讓他們學了乖。我若弘揚道教，無奈道教的名字太不好聽，必須費我很多的腦力，纔可以把道教名氣挽回……將以往自己所有的撰述，從新分期整理一番，再作第二次出版。口訣與方法亦學密宗一樣，絕對不公開，此乃上海極少數同志的意見，問題就在我願意接受與否。」

陳攖寧先生以道的尊嚴與民族文化的保護爲立足點，意圖對仙道一途的精要保密。這也是陳攖寧先生當時定立「誡條」的原因之一。其實，仙道一途需要保密的原因，尚不止於此。

說明文字二　此道雖與宗教、哲學、科學皆有關係，然而非單純勸善的宗教，非空談理論的哲學，非偏向物質的科學，研究起來簡直是一種超人的學術，實行起來可稱爲人類中最高尚的事業。既稱爲事業，當然非一人之力所能包辦，所以要有團體組織。若要成就一個集團，必須先能自成一派。要獨立自成一派，必須本派中具有特長與優點，非其他各道門所能知、所能言者，然後本派方有獨立之資格。若完全公開，則他人之秘密我不能知，我等之特長與優點他人都已明了，本派失其憑藉，即不能成立，而諸君修煉之目的，亦難以達到。因此，要守秘密。

蒲團子按 一些學道者，聽聞「派」之一字，即斥爲「江湖」。其實這是對「派」之一字理解的狹隘，同時也有一些利己目的在內。「派」不一定是江湖，陳攖寧先生所謂的「派」，也是他一直提倡仙學獨立之精神。不僅是方法、研究要獨立，同修之團隊也應該獨立。因爲，這門學問經過幾千的歷史潮流，已經是泥沙俱下。只有將其中的精要進行獨立研究，方有機會最終明白其真相。簡而言之，即團結一些志同道合之同好，共同研修仙學學術。

曾有人每每將陳攖寧先生提倡的「能力宜團結不宜分散」當作口頭禪，認爲仙道同好需要團結。這本來是沒有錯的。但是，須要明白的是，不是什麼人都可以團結，也不是什麼人都能稱得上「志同道合」。所以，「團結」並不是一句簡單的口號，而是須要一定條件的。

陳攖寧先生的「派」，除了「同志諸君」外，還肩負一個「保密」的責任。這也是對設立「誡條」的一個說明。

至於團體組織一事，胡海牙老師生前也曾努力過。但由於各種原因，亦未能如願。前幾日，我與幾位道友也曾談起此事。今日之境況，與陳攖寧先生時代，與胡海牙老師時代，均有不同。故今日如要集體用功，需要的形式與方法，與以前又應該有所區別。當然，還要引入一些先進的思想。團隊用功有團隊用功的好處，對參與人員的要求也十分的苛刻。胡海牙老師當年曾提出一個「世內桃源」的構想，我認爲，可以在此基礎上更進一步，或許有成功的可能。

說明文字三

諸君或疑古人修仙並無集團之說。須知古人有幾種辦法，今人皆不能倣傚：一，投入僧道門中，借彼宗教原有團體作安身之所；二，雖不出家，而能在山林中做隱士，有田地可够生活，不問國家社會之事，過他的清閒歲月；　三，有大富貴人作護法，一切不須自己勞心勞力營謀。這三種辦法，在今日之下，皆難做到，不得而已，纔有團體之計劃耳。原文頂批：目下余對於集團之事，無意進行，姑存此說，以遺後來同志。

蒲團子按　陳攖寧先生此說是一九四五年前後之事，其所謂的三種辦法，第一種在今日亦難實行，蓋不少宗教場所也需要參與相當的工作方可立足，修煉事業只能偷閒爲之；　第二種辦法，需要相當的資金方有可能爲之；　第三種方法，又難免受制於人，終不若自己有能力爲方便。　故修煉事業，古今均受環境等外力限制。世人常有將修煉四大要素中，「財」之一字放在首位者，正因爲此。　團體用功，也需要財力之支持。　所以，修煉是一件事業，並不是輕鬆可以成功的。　今日常有人自稱修煉者，所修者何，所煉者何，恐怕他們自己也是胡裏胡涂，不明所以然。

訪外護一層，在古人誠爲美事，但也不適合於今日。　一者，現在的社會情狀已與過去農業社會的情狀大不相同，人之性情也有了很大的改變。　二者，在經濟文化的刺激下，特別是在社會轉型期，有人將給修煉者訪外護、做外護當生意做。　當日某君號稱得天下至訣，並訪得億萬財力之外護。　後其騙術被外護識破，搞得灰頭土臉。好在此君深得厚黑之精髓，不以爲忤，聽說又將一大批古籍賣給另一富翁。　這種人敗壞了修煉人的名聲，也讓有能力護持修煉人者望而却步。三者，僞修煉者太多，讓很多有能力做外護的人心存戒懼。所以，訪外護在古人可行，在今日恐非易事。

從陳攖寧先生在仙學必成一書中所立之「誡條」，能看到老一輩修學者對仙道學問的態度。既有進步的一方面，也有保守的一方面。陳攖寧先生算是仙道學問的改革派了，在面對仙道的秘密、民族文化之精粹以及這些學問傳承的純粹性時，其保守的態度也很明顯的。

仙學必成及篇前之誡條，是陳攖寧先生寫給其弟子、同道的。這是內部的事情。雖然現在這些內容已公之於眾，但一些內容還是有其私密性。對今天而言，此誡條已經沒有實際意義。但通過誡條，可以讓我們更客觀地看待陳攖寧先生與其仙學學術。

二〇一八年六月十一日農曆戊戌年四月二十八日子時蒲團子於玄玄居

上海紫陽宮道院何仙姑塑像開光疏文

陳攖寧 撰　蒲團子 按

蒲團子按　陳攖寧先生在揚善半月刊與仙道月報二刊上，除發表了大量的仙學與道教文章外，還有一些世俗應酬文字與代撰文字。特別是在仙道月報上，曾發表過數篇代撰疏文類文章。從這些文章中，不僅可以看到陳攖寧先生對道教教義與歷史的見解，同時也能看到陳攖寧先生生花的妙筆與絕倫之文采。上海紫陽宮道院何仙姑塑像開光疏文即其代紫陽宮當家鐵海道人陳至根所撰之開光疏文。文中闡述了何仙姑的出身及成就，以及本次開光之因緣。陳攖寧先生飛揚之文采，與其理論文章中之精妙相較，別有意味。

原文　伏聞瀟湘神女，踏白蓮而降生；改像真君，贈黃庭而悟道。

蒲團子按　根據傳說，何仙姑之母鍾氏，因夢遊瀟湘，見水面有白衣女子，足踏大白蓮花，立於水中，對鍾氏說：「我是瀟湘神女，將要降生你家，在人間度過一世。」鍾氏注目久久，醒來時已覺有孕。故文中有「瀟湘神女，踏白蓮而降生」之句。

何仙姑八九歲的時候，就喜歡到道觀中玩。道觀中的女道姑教其學習經書文字。大約在何仙姑十三歲的時候，其父母雙亡，自己與家人在家靜居。南岳觀一位女道士請何仙姑改注生真君像，從泥像身中得黃庭經兩卷。老道姑贈之，持而歸家長誦。故文中有「改像真君，贈黃庭而悟道」一句。

「伏聞」，伏爲爬在地上，聞即聽。此爲謙詞，意爲恭敬地聽到。其實就是「聽說」的意思。

原文　調藕粉以代乳汁，素口本前世之因；喜布施不吝錢財，仁德繼先人之志。

蒲團子按　何仙姑降生，天生不食母乳，其母遂用藕粉以代乳汁餵養之。「素口本前世之因」，蓋謂其前生本爲神仙，不食葷腥，故投生降世後亦食素而不沾葷腥。相傳何仙姑之父樂善好施，而何仙姑自己也喜布施，故有「喜布施不吝錢財，仁德繼先人之志」一語。蓋謂其樂善好施乃繼承其父之遺志也。

原文　命出東華，授琴心之三疊；仙逢南岳，賜桃實之一枚。

蒲團子按 相傳在何仙姑十八歲左右，因禮拜東華帝君，一日有童子奉東華之命，降於何仙姑家，授以紫芝丸，並爲其講「琴心三疊」「漱咽靈液」之法。又有說，何仙姑雲母溪遇一老翁，贈其桃子一枚，其遂不知飢餓。此即二語之出處。

原文 入終南服食靈丹，身能輕舉； 赴閬苑朝參王母，位證元君。

蒲團子按 何仙姑六十歲的時候，得遇呂祖度化，入終南山謁鍾離雲房，得神丹服食之術，遂身能輕舉。呂祖又引其見少陽祖師王玄甫，並於閬苑參王母，果證東海青霞洞真大元君。

原文 從茲處處飛鸞，壇諭流遍於海内； 方方駐鶴，金容早識於人間。

蒲團子按 從茲，即從此以後； 飛鸞，鸞即扶鸞，亦謂扶乩。此蓋謂，自從果證元君之後，何仙姑處處降臨乩壇，故其在乩壇之諭示遍佈海内。駐鶴，謂其鶴駕停留。蓋謂何仙姑亦處處真身顯化，故其容顏早已爲人間所認識。

原文　至根等濁世庸材，玄宗末學，自警浮生若夢，發願積修；勸人苦海回頭，專忱向道。紫陽宮殿，近已落成，聖相莊嚴，擇期供奉。惟雕裝之手續雖完，而感應之威神未顯。明珠雙目，猶待新開；滿目圓光，方能普現。是以謹涓於十一月初一日，邀請合境善信，暨本觀道眾人等，虔遵太上經籙科儀，啟建開光道場勝會，以彰靈顯，而利群迷。伏願華鬘影裏，法眼頻瞻；寶蓋幡中，慧光朗照。消災錫福，使閨門無悲嘆之聲；護道興玄，俾巾幗有超塵之志。揚八洞之清風，强暴愚頑齊感化；作一方之救主，名媛淑女盡皈依。將見爐香靄瑞，挽浩劫於杳冥；從今殿宇騰輝，保吉祥而永固。謹疏。

蒲團子按　此段爲開光之緣由。至根，即鐵海道人陳至根，紫陽宮當家。開光，即通過宗教儀式，使泥塑木雕含靈普照，被佑黎庶。此爲宗教儀式。

再談龍虎三家說兼致諸友

龍虎三家之說，躲是躲不過去的，這不僅是對這種方法的討論，對其推崇者的質疑，也是爲了丹道這門學問的尊嚴。

自從我以「雪僧」的名義公開發表批評龍虎三家說的文章以來，就一直看到一些龍虎三家說的信奉者種種艷麗的表演。造謠者有之，顧左右而言他者有之，妄想症者有之，人格攻擊者有之。其實，這些表演者，並不是因爲我對龍虎三家說提出了質疑，只是因爲我對某「學者」提出了質疑。從後來與一些朋友的交流中得知，當年某學者種種怪異言論的出現，不是沒有異樣的聲音，只是不少聲音被某種力量給消磁了。而這些朋友們，也毫不掩飾自己對龍虎三家說的鄙夷，但也不否認自己出於某種情面而放棄了自己的聲音。

最早公開發表文章對龍虎三家說提出質疑的，應該是我以「雪僧」名義發表的那篇文章。而在此之前，其實已有一些好道之士，在某些群體內部，對這種東西進行了批評。

我對龍虎三家說提出質疑，主要是因爲某學者將此說奉爲「中華道家文明獨有之奪天地造化瑰寶」。而此人的依據，僅僅是：一，陳攖寧、王沐等人批評過；二，張義尚先生把這種法門視爲「中國文化最堪珍視之瑰寶，環顧全球，無有匹敵之學術」；三，自己没有見過；四，要超越。中國的丹道，已經有幾千年的歷史了，偏偏當此時代，出現了一個「獨有」的「瑰寶」，出現了一個「環顧全球，無有匹敵之學術」。如果這僅僅是張義尚先生的說法，可以理解。但恰恰這是一位自稱爲「學者」的中國社會科學最高研究機構的工作人員的「研究」成果。這不免讓人喫驚。没有任何的理論依據，没有任何的實踐經驗，一個所謂的「學者」，給一門歷來被唾棄的東西，定義了一個「獨有瑰寶」，這是什麽樣的精神？並且，定義以後的龍虎三家說，超越了其「先師」張義尚，超越了其「先師」某匿名人士。也就是說，這個「瑰寶」，成了獨此一家。

我在以「雪僧」名義發表那篇文章前，對龍虎三家真没有太深入的研究。後來由於很多朋友跟我談起這種東西，我便開始從張義尚與某學者的文字中，追尋這種說法的來源。當仔細看完壽世保元中的神仙接命秘訣及龔廷賢的諸種醫書，並張義尚先生諸多文章，以及某學者的「研究成果」，不得不爲之感嘆。所謂的「中華獨有瑰寶」「全球無匹敵之學術」，就是童男童女吹管子法。這個方法，畢竟要見人的，要見更多的人，也將讓更多的人知道，中國丹道的最高法門，就是童男童女吹管子。並且，這種方法之殊勝處，在於這是中國千古秘傳，不需要理論，不需要驗證，不需要檢驗。這是很神奇的。這種謊話，究竟能騙得了誰，想騙誰？

聽說某學者的高足最近要大開方便之門宏揚這種「瑰寶」了。我很是期待。如果這位「德高望重」的「大師」，真的將張義尚先生，乃至超越了張義尚先生的某學者的學問發揚光大，我想很可能改變我對中國法律，乃至文明社會的法律的觀念。

二〇一六年十一月九日蒲團子於關中陋室玄玄居

丹道與信仰

近些年，常有人論及社會時事時，認爲當前的一些不良現象，是由「缺乏信仰」所致。當然，他們所謂的信仰，是指宗教信仰而言。這種說法，是否有道理，還是值得探討的。但這種說法，似乎也是當前一些群體的潮流說法。包括一些名人在內，他們都鼓勵宗教信仰，或提倡用宗教信仰來化解社會的一些矛盾。從化解社會矛盾的角度來看，正確的宗教信仰，是有一定作用的。然而，如果僅僅依靠宗教信仰來安定社會，恐怕最終難以如願。翻閱歷史典籍，凡是朝代的更替與變革，都是人們自己覺悟的結果，宗教信仰無能爲力。即使有宗教人士參與變更，也只是起到輔助作用而已。

相比於其他宗教，中國的道教應該算是最具科學性的了。因爲道教既有以丹道煉養、內家拳法與醫藥診療爲主體的教體，又有以科儀經懺、符咒術法等爲主體的教相。如果將道教的內容，拋去玄虛部分，大多都能經得起當代科學的驗證。如丹道煉養、內家拳法、醫藥診療等。而科儀經咒等，如果剥去其外延，其內核也是極具科學性的。

道教，又有廣義的道教與狹義的道教之分。廣義的道教，既包含以科學成分爲主的道教本體，也包括純以信仰爲主的道教外延。只是歷代以來，道教一直被教相所掩飾，其本體的內容，則隱藏於教相之下。

丹道學術，歷來與道教文化相互依存。若以廣義道教的角度來看，丹道即道教的一部分；若從狹義道教的角度來看，丹道與道教又有不同。歷史上的丹道大家，並不一定是道教的信奉者。或宗儒，或崇佛，或入道，出入無礙，瀟灑自由，不沾不染，一派逍遥氣象。自從西學東漸以來，有識見之丹道前輩，也開始運用現代的科學理論來詮釋丹道之內核。隨着科學技術的日益發展，丹道中的很多現象已經可以利用當前的科學理論進行解釋，更有一些效果可以接受科學儀器的檢測。故而，自民國初年始，就有前輩將丹道目之爲科學。

最近一段時間，常聽到有人提倡丹道修煉者應該有相當的信仰，並將前輩丹道修煉沒有成功的原因歸結爲没有信仰，認爲如果丹道失去信仰則注定要失敗。這種論調在一定的圈子裏頗爲盛行。當然，他們所謂的信仰，是指狹義的道教信仰而言。

是否需要宗教信仰，是個人的選擇，他人無從指責。特別是在現代社會，信仰自由，個人的信仰也受到國家法律的保護。至於說丹道修煉必須有道教信仰纔能成功，則是一種不爭氣的説法。自古丹道家，或者說神仙家，主張「我命由我不由天」的思想，可知在這些前輩的心目中，丹道修煉是自我努力、自我超越、自我昇華的一個過程。這種思想，無疑是極其可貴的。縱觀歷家丹道祖師，成功與不成功，均是靠自身的辛勤修證，決不是仰賴木偶泥塑、神話傳說，更不向這些宗教偶像們卑躬屈膝、搖尾乞憐。

丹道有丹道的原則，求師、訪道、真修、實證，均有一定的規程。若一意求助於宗教神靈，難免遺人笑柄。民國年間的鄭觀應，也算是當時的一代翹楚，訪道多年，屢屢受術士戲弄，也多次焚裱祈求祖師加被，最終未能如願；西派鼻外一支最早的提出者徐頌堯，早年就讀於清華學校，後因身體因素得汪東亭傳授內丹術，曾用數年的光陰禮拜呂祖神像，每日三次，每次八十一拜，其誠自不待言，而其歿時，亦非道家氣象尚不及正常的普通人；也有自謂得遇柳華陽者，壽考亦不勝普通人，成功與否更毋論矣；更有求師無着，訪訣無得，精神恍惚，自謂遇祖師親臨提點者，病態已現，又談何修證丹道？此類事例頗多，是否愚昧，不敢斷言，但又何嘗不是可悲可憐呢？參同契明辨邪正章云：「累土立壇宇，朝暮敬祭祀。鬼物見形象，夢寐感慨之。心歡意喜悅，自謂必延期。遽以夭命死，腐露其形骸。」魏公千年之前就已預爲判斷矣。

我並不反對宗教信仰，也一直認爲宗教信仰對於社會矛盾之化解有着積極的作用。對丹道研究者或者愛好者，更尊重他們的信仰。但在現實生活中發現，這些口口聲聲「丹道修煉需要信仰」者，並非真正有宗教情結。宗教乃至宗教信仰，只是他們的一個包裝而已。不是披上一件道袍，就是道教人士，主要還得看做了什麼。

丹道是一門科學，是人體科學中的一門特殊科學。這門科學中的部分內容，已經能够接受現代科學儀器的檢測與研究，也可用當前的科學理論解釋。隨着科學的發展，丹道的內核一定會更多地接受現代科學的驗證，並很可能與現在科學相結合，更廣泛地應用於與人體科學相關的多個方面。這是科學發展的必然，不用懷疑。試觀道祖道宗，軒轅黃帝、老子，他們可曾有道教信仰？陰符經、道德經可曾涉及宗教信仰？至於後來的魏伯陽的「萬古丹經王」周易參同契，可曾有宗教信仰的成分？明白了這些，纔能知道「丹道是一門科學」的真實意義。

信仰是個人的權利，尊重每個人的信仰，是文明社會的基本常識。丹道既然是科學，就應該用科學的思想與手段去研究。刻意地用所謂的信仰綁架丹道，無疑是對丹道精神的扭曲。

二〇一七年一月十三日農曆丙申年腊月十六日蒲團子於玄玄居

寫在「丹道與信仰」之後

近些年，常有朋友向我問及「丹道要不要道教信仰」。據我所知，在一定的群體中，「丹道必須有道教信仰」的説法很爲流行，甚至被視爲金科玉律。我對此種論調極其反感。信仰是個人的自由，學丹道信仰道教原無不可，但把丹道的成就，與道教信仰捆綁在一起，甚至用道教信仰來綁架丹道，我認爲是對丹道精神的一種歪曲。所以，一直以來，我就計劃寫篇關於「丹道與信仰」的文章。前兩天偶然有寫這篇文章的衝動，便動手把自己想的東西寫了下來。由於我搬家原因，手邊的資料都裝在箱子裏，也不在我的住處，所列舉的幾個例子中，鄭觀應、自稱柳華陽親傳者，均是根據記憶所寫。而我整理的稀見丹經初編正在手邊，徐海印的事例就相對查證了一下。而對這些事例的詳細分析，因爲資料不完整，準備以後慢慢來完成。目的很簡單，丹道是一門科學，應該用科學的思路來研究。宗教信仰是自由，但不要用所謂的道教信仰來綁架丹道。這種意思在文章中非常清楚。但是，現在有一種怪現象，丹道中的幾個問題是不能談的。一是龍虎三家術。明明一種邪術，至今還被視爲「丹道至尊」，甚至有揚言要送兒送女供「三家龍虎」大師修煉者。

二是西派，特別是西派徐海印一支。現在的天下西派，盡歸鼻外，而徐海印又爲西派鼻外之鼻祖，凡質疑徐海印者，均被一些所謂的西派人士敵視。而西派一支，又有大陸與臺灣兩支。對於徐海印問題上，大陸與臺灣兩支均是同讎敵愾。三是科學。凡將丹道與科學相提並論，自會受到一些所謂傳統正宗們的譏諷。可惜，我這個不識趣的人，這幾個「禁律」都犯了。不僅談了「三家龍虎術」，而且還揚言要將這種邪術提升到法律的角度；不僅談了徐海印，還把徐海印的一些不恰當的舉動當作典型舉例來談；不僅主張用科學的方法研究丹道，還處處用科學的理論來解釋丹道。沒有辦法，這是我個人的興趣所致。因爲研究丹道，自然免不了瞭解「丹道至尊」；因爲對西派李涵虛的學問很感興趣，也就免不了對其各種傳承做相當的瞭解。丹道與信仰一文中舉子四個例子，因爲以我的認識，鄭觀應、徐海印及自稱柳華陽親傳者，均是有知識、有文化的人，不應該有此種意識與舉動。而經常自覺遇仙遇祖，幾致精神分裂者，也大多是高學歷、年輕人。這些都有一定的代表性。沒想到這個舉例，因爲「徐海印」，好像又觸碰到了一些人易碎的玻璃心。抱歉，這不是我的本意。這篇文章原計劃還有很多內容也不是用來「污染」這些「大師」們的慧目的。但也只能再抱歉，請尊重我的話語權。有朋友提醒我，我提及徐海印，自然就有人提陳攖寧先生、胡海牙先生及其相關的人，我還是那句話，只要不造謠，敬請討論。攖寧先生與海牙先生雖一生倡導仙學，但他們二位老先生畢竟沒有成功，如果大家能從他們的失敗中得到一些啟示，也有益的事情。本來沒有寫本篇文章的計劃，因爲與幾位友人談及此事，及一些朋友問及我有關事情，我想，還是再談談我的看法。至於丹道與信仰一文的補充內容，現在尚無法完成，等資料完整後再說。

科學不單單指技術，這是一個很重要的概念。現在有不少自謂對傳統文化頗有研究的人，每每提到「科學」，他們便會將這個概念單純地理解成爲「技術」。丹道是一門科學，並不只是一種技術。

丹道修煉的目的，是肉身成就，也就是成仙。稱丹道爲「神仙信仰」，是近代學術研究者的定義。在從古丹經中，特別是早期丹道經，仙並不是信仰，仙是人通過修煉而獲得的結果。

民間、道教及丹道圈三個領域，對「神仙」一詞的理解各不相同。民間所謂的「神仙」，多是將神與仙的概念雜糅在一起，而「神」的成分居多；道教對「神仙」的定義，「神」「仙」各占一定的比例；丹道仙家所謂的「神仙」，是人經過丹道修煉成功後的不同境界，「神仙」只是針對陽神出竅者的一種稱謂。

神本是與精神層面密切相關的事物，如人體本具的精神、意識及其本根。宗教所謂的「神」，一般有以下幾個源頭：一，對自然界的敬畏與恐懼；二，對祖輩的追思與懷念；三，對有功於群體者的欽仰與崇敬。總而言之，不過「敬畏」與「慎終思遠」而已。我認爲，這應該是人對神的正確信仰。而現實社會中，一些人不思進取，在自己力不能及時，不想方設法積極進取，而是屈膝跪拜這些所謂的神靈，以祈求得到庇護，長久以往，就慢慢形成了宗教信仰。這類的研究，宗教類研究著作應該有所論述。

中國的道教是一個多神信仰的宗教。而丹道的一些成就者或未成就者，或多或少與道教有關係，故而這些人也在道教的信仰之列。其實從陰符經、道德經、參同契、入藥鏡等丹道經典中，根本找不到關於丹道須要道教信仰的痕迹。

陳攖寧先生一生致力於仙學的科學研究，但並沒有獲得最後的成功。其晚年的身體，可以用「糟糕」二字來形容。從陳攖寧先生的著述中來看，他幼年患病，因仙學而得新生，並多次入山修煉。到了晚年，其入職中國道教協會，工作較爲煩忙。陳攖寧先生曾多次提到過尋山置地，入室用功，但常年流離，很難穩定。究竟其失敗，是修煉方法的原因，還是用功不勤的原因，或是受到生活影響的原因，已無從考證。惟一能證明的，就是其因肺結核病醫藥無救時，用仙學的方法獲得了康復，且活到了九十歲。也因此得知，他並没有達到仙學的成功，即「陽神出殼」的境界，更不要說「白日飛昇」了。有一點需要警惕，現在已經有人開始神化陳攖寧先生，認爲陳攖寧先生在其他的空間佈道。早些年，更有人自稱是陳攖寧先生的轉世。這些不僅是對丹道的不尊重，也是對陳攖寧先生本人的不尊重。

胡海牙先生對陳攖寧仙學進行了重新定義，在三元丹法的基礎上，增添了中醫針藥、內家拳法兩種。胡海牙先生早年在道觀中生活過十多年，後來師從陳攖寧先生，又執中醫業、習內家拳法，故其晚年，雖受過多次外傷，都能恢復健康。特别是二〇〇四年端午前夕的那次摔傷，手術後，經丹道煉養、飲食調養，身體很快得以恢復。當時醫院的醫生、護士都頗爲驚奇。另外，由於先生煉養得當，其早前摔傷的腿，在這次休養中也得以康復，不再僵直。二〇〇八年摔傷時，由於外傷手術時的小失誤，致使其行動不便。後由於其他因素，引發中風。直至其離世之時，頭腦還很清醒。並不像外界流傳的思維混亂。胡海牙先生無疑也是仙學的失敗者。至於原因，不多作分析了。但其二〇〇四年摔傷後的康復，也證明了仙學的效果。

徐海印早年患病，堪堪廢命，得汪東亭指授，身體得以恢復，也證明了丹道的效果。這些都説明，丹道跟信仰没有關係。所以，丹經每言，「尋師親口説」。

現在很多人都談論丹道修煉，是否有過真正的修煉，很難説。因爲現在的環境，很難談得上修煉。有社會工作的人如是，即使在廟觀中生活，或者在深山中生活者，也未必有過真正的修煉。陳攖寧先生、胡海牙先生等，晚年已談不上正式修煉了。因是子蔣維喬先生，晚年的身體也不是很樂觀。今天的年輕人，則更多的是吹吹牛而已。

丹道修煉的結果，是成仙。成仙的標誌，或是白日飛昇，如軒轅黃帝，如謝自然，如許旌陽；或不知所終，如老子，如魏伯陽；或隱顯莫測，如張三丰。沒有一位是死後成就的。這些都是典籍所載，真實與否，已無法考證。若以我的看法，只有張三丰很有可能是真正的「仙」，其他人都值得懷疑。

實事求是，是科學研究最基本的原則。特別是在今日，更應該具有實事求是的科學精神。丹道尤應如此。丹道數千年曆史中，弄虛作假、故弄玄虛的事例不勝枚舉，不應該讓這種東西再流傳下去。否則，丹道不可能有立足之地。

至於信仰，如果僅僅是敬畏的話，丹道需不需要信仰，就不重要了。如果是求祖師加被，恐怕只有信仰是不夠的，主要還得看「行」，也就是做什麼、怎麼做的。如果滿口仁義道德，滿腹烏七八糟，這種「牌坊式」的信仰，只是對信仰的褻瀆，或者說是對宗教信仰或道教信仰的褻瀆。如果祖師加被這種信徒，這樣祖師又有什麼可貴的呢？只不過是一個惡人的保護傘罷了。其實看看歷代的邪教，特別是中國式的邪教，幾乎都是將修煉與信仰混合雜糅在一起。近代的很多丹道修煉團體，不僅有邪教成分，而且最後還有發展成爲地方武裝者。

不止一個人問我，說我對丹道很多問題的質疑，會不會影響人們對丹道的熱情。我認爲不會的。只有剔除了丹道中不合理的內容，丹道這門學問纔能更健康地發展下去。

我認爲，丹道是一門科學，如果真的喜歡他，就應該讓他更乾淨些。

二〇一七年一月十七日農曆丙申年臘月二十日蒲團子於玄玄居

我滴個神啊

我滴個神啊，或者被念作「額滴個神啊」，這應該是來自我們陝西的一句日常口語。「額」，只是個替代字，因爲陝西話中「我」的稱謂，在普通話中沒有對應的字，只能取一個相近的字替代了。「額滴個神啊」，大約是陝西較爲普遍的一種口語表達方式。這句話的流行，很可能跟數年前較爲火熱的一部電視連續劇——武林外傳有關。雖說在這部電視連續劇播出之前，公眾耳邊就出現過「額滴個神啊」的聲音，但武林外傳中「同福客棧」儀態萬千的老闆娘一口一句西安話版的「額滴個神啊」風靡了大江南北、長城內外，這句話幾乎成了陝西人的標配。

其實，在我的家鄉——關中西部的渭北平原上，還有與此相類的一句口頭語「額滴個醋榻神」。在我們家鄉的這句話，還有一個與封神榜有關的故事。聽老人相傳，說當年姜子牙封神封到最後一位時，土行孫突然從地下冒了出來，嚇得姜子牙一個趔趄，大叫一聲「額滴醋榻神」，後來「醋榻神」這個封號就歸了姜子牙。故事是多年前聽到的，「榻」之一字是否正確，也無法考證了。但每年過年貼春聯、請神的時候，在我們家鄉每家的醋缸上，多會貼上一張書有「姜太公在此大吉大利」之類字樣的紅紙條幅。「樢」，有的地方作「炭」，有的地方作「壇」，我們家鄉的口音作「樢」。姜太公曾在我們家鄉的磻溪隱居，現有遺址姜太公釣魚臺，離我的家不遠，離我現在住的地方更近。其實，當年的全真教龍門派祖師丘處機也磻溪隱居達七年。而離我家最近的磨性山，就是丘處機當年修煉的地方。

二〇一四年，印度UTV影業出品了一部由印度著名影星阿米爾・汗主演的帶有一定科幻色彩的電影P.K.，一種譯名是宇宙醉漢PK地球神，中文譯名爲我的個神啊。這是一部深刻反思宗教行爲的電影。據說當時印度的領導者中曾有人呼吁封禁這部影片，理由是傷害宗教感情。這部影片，是我最喜歡的印度影片之一，也是我經常向身邊有宗教情結的朋友們推薦的一部影片。在印度那種宗教氛圍濃厚的環境中，能拍出這樣的影片，是難能可貴的。影片從一個流落地球的外星人在地球上的一系列遭遇，辛辣地諷刺了人類世界中宗教的虛僞，以及人們在遇到真正困難時宗教的無能，從而警示人們，不要過度地迷信宗教。這種批判與警示，對所有有宗教情結的人，都應該有一定的意義。影片中除了華麗的民族服裝、醉人的印度歌舞、驚艷的天竺女郎，還涉及很多宗教文化。直到現在，我依然覺得這部影片是我見過對宗教反思最深刻的一部影片。

二〇一五年，還有一部印度電影——小蘿莉的猴神大叔。與我的個神啊不同，這是一部弘揚宗教信奉者高尚人格的影片。這部影片的主人公是一位哈努曼神的虔誠信徒，當他遇到一位六歲的離奇流落印度的巴基斯坦啞女時，不僅善待這位陌生的小蘿莉，在得知她是巴基斯坦人後，還不顧當時兩國的敵對現狀，歷盡千難萬險，把小女孩送回了巴基斯坦的家中。影片用主人公的真實行爲，讚揚了真正宗教信奉者的人格魅力。並且通過結尾時兩國人民共同的心願，表達了人們希望和平的願望。

從我的個神啊和小蘿莉的猴神大叔兩部影片，讓我又一次地開始關注印度電影。毋庸諱言，在我們能看到的印度電影中，大多數是有大情懷的。這與他們國家的現狀有關，也與他們的制度有關。在我們國家，很難看到像我的個神啊之類的影視作品。

不知道從什麼時候開始，中國的宗教信眾中出現了一種惡俗，即大年初一子時燒高香。最早聽見這種說法，是在一個道觀，後來聽說這種惡俗源於南方，始於佛教。這兩年好一些了，據說前些年還有拍賣初一子時高香的活動，價格極昂，一般人是燒不起的。在一些知名的大寺廟，每年春節將臨之時，有人會提前幾天去排隊，力爭第一個燒到子時香。究竟這些行爲有什麼意義，恐怕只有那些燒香的人纔能知道。但我一直在想，無論什麼人，如果能爭到初一子時燒頭炷香、燒高香、燒大香的機會，就會得到神佛的庇佑，那麼這些神佛豈不跟人間的貪官污吏一樣麼？ 更有那些拍賣頭炷香、高香、大香的宗教徒，豈不是「皮條客」？這樣的宗教場所，豈不是藏污納垢之所在？每年春節，看到類似的消息，真是得搖頭一嘆。

記得某年的夏天，我陪父親遊甘肅平涼崆峒山。這是一所道教聖地，雖離我的家不遠，但一直未曾一訪。此次是因爲父親提議，纔有這個機會。山中的風景確實很美，真有一種流連忘返的感覺。遊至山頂的一個道教場所，是一座塔式樓，裏面好像有兩層，或者有更多層。但當時開放的只有一層。供奉的好像是道祖太上老君神像。我參訪寺廟，一般是不燒香不行禮的。但對藥王、呂祖、丰祖及太上老君，總是要禮敬一下。禮拜藥王，因爲我自己學醫多年，故對祖師爺基本的禮貌還是應該有的；禮拜呂祖、丰祖，因爲我們現在學習丹道的，大多來源此二位祖師之流傳，故必須紀念、尊敬二位祖師；禮拜太上老君，因爲我們這些喜好丹道的人，總是把自己認作道教的一份子，故而對祖師爺也不能不深施一禮。就在我參拜完太上神像之後，值殿的小道士嘴裏嘟囔，說的大約是「光磕頭不捐功德，有什麼用」之類話，大概有「祖師爺也不會保佑」之餘義。我第一感覺是好笑。我參拜祖師，從來没有希望他們這些位老人家保佑我什麼啊，我只是禮敬他們而已，爲什麼一定要他們來保佑我呢？再者，如果捐功德，也就是捐錢就能得到保佑，那些爲非作歹的人多捐些錢就行了，免得受法律的制裁。還有，如果祖師爺真有保佑我們的能力，他們只看我們捐不捐錢，而不看我們的行爲，那這跟作買賣有什麼區別？如果壞人爲非作歹後，祖師爺因爲他們捐了錢而予以庇佑，那祖師爺豈不成了壞人的幫凶？看着年輕小道士的憤憤不平與嘟嘟囔囔，我連一毫與之討論的興趣都没有了。要知道，現在的這些宗教聖地，已經是旅遊場所了，我們進門的時候，已經購買了門票。雖然門票的收入未必會作爲祖師爺的供養，但我們的身份已經改變了。而小道士「光磕頭不捐功德，有什麼用」之類的話語，顯得多麼地惡劣。好在，我真的不需要用捐錢的方式來尋求祖師爺的庇佑。唉！多麼可憐的小道士……

諸如小道士的故事，在宗教場所中並不少見。由於我自己對道教場所情有獨鐘，故而在道教場所中見到的更多一些。現在的道教，我是看不明白了。在我的記憶中，全真派出家道士與在家居士從衣着到行爲上，都有明顯的區別的。不知道從什麼時候起，現在的道士成爲了一種職業。白天穿上道袍上班，晚上回家老婆孩子熱炕頭，有的薪資還不低。出家與不出家，已看不出什麼區別了。還有，除了極少數宮觀能看到嚴禁宣揚神怪、嚴禁算命之類的提示外，大多數宮觀將算命等事項作爲創收的一個項目，更有編造神話故事者。

我個人不反對宗教信仰，但也不支持用宗教綁架的行爲。在我國，公民有宗教信仰的自由。現在經常流傳一句話，大意是說我國存在的一些不良現象跟缺乏宗教信仰有關。甚至一些人還列出一大批名人、學者、科學家的名字，並證明他們是因爲信仰某種宗教纔有的種種成績。但他們也忘了，當年的戰犯中，也有不少是有宗教信仰的。現在的一些宗教極端分子，也是有宗教信仰的。所以，歷史上一直有人在研究或者宣揚「正信」，也就是正確的信仰。

這些年，經常有朋友跟我談起，這個人得了謫仙之秘傳了，那個得了太上之指點了，某人個又遇一個活神仙了，某個人活了幾百歲了。我真的想相信這些朋友們提供的信息，但這些傳說沒有一個是經得起認真推敲的，更莫要說用相關手段驗證了！

我的個神啊！

二〇一七年三月二日農曆丁酉年二月初五蒲團子於玄玄居

證道唯生，興教以學——淺談陳攖寧先生的學術特點

陳攖寧，原名志祥、元善，字子修，後更名攖寧，道號攖寧子，安徽安慶人，當代著名道教學者、仙學倡導者也被稱爲「新仙學」的創始人。生於光緒年間，歷經清末、民國與新中國初期三個歷史時期，長期生活於紛亂的戰爭與政體改革環境下。幼年因身體因素，從醫學而入仙學，並一生致力於身體煉養之學的實踐與研究；又因當時國家貧弱，意欲用道教的復興來推動中華民族的復興，故對中華傳統道教之維護與復興也不遺餘力。因此，陳攖寧先生既有「科學神仙家」之稱，又有「當代太上老君」之譽。本文主要從陳攖寧仙學的基本原則與陳攖寧弘揚道教的思路，來闡述陳攖寧先生在仙學與道教方面的學術特點。

「證道唯生」是陳攖寧仙學最基本的原則

在仙學的歷史上，出現過兩位劃時代的人物。一位是東晋丹陽句容今屬江蘇人葛洪，一位是近現代安徽安慶人陳攖寧祖籍安徽懷寧。

葛洪，字稚川，自號抱朴子，道教學者、煉丹家、醫藥學家，少好神仙導養之法，從葛玄

的弟子鄭隱受煉丹術，又博覽群書，精通醫學。後住羅浮山，從事著書、煉丹生活，其著述頗豐，繼承並改造了早期道教的神仙理論，不僅全面總結了晉以前的神仙理論，並系統地總結了晉以前的神仙方術。他在抱朴子內篇中的金丹和黃白中，系統地總結了晉以前的煉丹成就，具體地介紹了一些煉丹方法，記載了大量的古代丹經和丹法，勾畫了中國古代煉丹的歷史梗概，也爲我們提供了原始實驗化學的珍貴資料，對隋唐煉丹術的發展具有重大影響，成爲煉丹史上一位承前啟後的著名煉丹家。另外，葛洪精曉醫學和藥物學，主張道士應兼修醫術。在其所撰肘後備急方中，保存了我國早期醫學典籍，記載了許多民間治病的常用方劑，係古代隨身常備急救手册，並在東南亞各地廣爲流傳，爲研究魏、晉、南北朝醫學的重要史料。卿希泰．中國道教（一）．北京：東方出版中心，一九九四：二三八。諾貝爾生理學或醫學獎獲得者屠呦呦的研究成果青蒿素，就是從肘後備急方受到的啟示。由此可知，葛洪乃晉代集仙道、醫道之大成者。陳攖寧先生曾視葛洪抱朴子一書爲仙道門中最古、最有價值書的一種，並在談仙學的改革及仙學獨立精神時，言「敢謂仙學證驗之方法，雖歷代先哲所遺傳，而仙學獨立之精神，前人實未嘗注意到此」，「抱朴子頗有這種精神，惜方法不足以應用」云云。胡海牙．仙學指南．北京：中醫古籍出版社，一九九八：五八。

「仙學」是陳攖寧先生在二十世紀三十年代出版的揚善半月刊雜誌上提出的一個概

念，是對傳統丹道的提純與發展，是最早將傳統神仙修煉學問進行科學化研究的開端之一。陳攖寧先生不僅將仙學作爲一門專門的學術獨立於儒、釋、道三教之外，並總結了歷代以來仙學的方法，更以現代科學的視角，分析了仙學的科學性，摒棄了歷史因素帶給仙學的不合理的附加內容，爲科學地研究仙學提供了思路，指明了方向。時至今日，陳攖寧仙學已成爲當代研究道家修煉、丹道修煉乃至道教學術不可迴避的內容。

「仙道貴生」，是道教的基本教義之一，同時也是仙家的基本原則。陳攖寧先生對「唯生」的論述，初見於讀化聲叙的感想一文。當時武昌佛學院張化聲先生寄陳攖寧先生化聲叙一册，陳攖寧先生閱後認爲「言言中肯，皆是今時一般佛教大居士所不敢言、不能言、不屑言、不願言者。而張先生居然大膽的痛快言之，科學的條理言之，謙虛的公平言之，忠實的懇切言之」。陳攖寧．讀化聲叙的感想．揚善半月刊，一九三五，二（十三）：八。故陳攖寧先生將化聲叙一文刊佈於揚善半月刊，並加以「按語」。其中第二十三條中有一句「仙學應用真一之炁，是唯生的」。陳攖寧先生按曰：「『是唯生的』這四個字批評，甚爲切當。設若世上有人不贊成仙家唯生的宗旨，我敢說這個人必定是唯死的。蓋生之反面就是死，不能生，唯有死耳。」陳攖寧．讀化聲叙的感想．揚善半月刊，一九三五，三（六）：四。後來，陳攖寧先生在中華全國道教會緣起一文中云：「道教倡唯生學說，首貴肉體健康，可使現實人生，相當安慰。」陳攖寧·中華全國道教會緣起·揚善半月刊，一九三六，三(十九)： 一。

在仙學實踐中，陳攖寧先生也多次闡述了「今生成就」的「唯生論」觀點。如其在辨楞嚴經十種仙中云：「神仙一派，極端自由，早已跳出佛教六道輪迴之外……若將神仙判同人道，一則生活狀況不同，二則壽命長短不同，三則明明說是『絕於人境』，如何能再以普通人類的眼光看待？若將神仙判歸天道，亦有困難之點。因佛教中所謂天道者，都是死後投生，命終轉世，而神仙家永遠不肯命終，絕對不說死後，並且不一定希望上天。雖偶有白日飛昇或陽神沖舉之現象，似乎可以承認他們是上登天界，然而飛昇乃肉體騰空，沖舉是陽神脱殼，雖同爲昇天，又不合佛教天道中轉世投生之原則。……歷代佛教徒批評仙道，總是隔靴搔癢，並無學理可言，蓋在印度民族腦筋中根本就沒有中華民族的神仙思想。」陳攖寧·辨楞嚴經十種仙·揚善半月刊，一九三七，五(二)： 一。這裏明確地指出，仙家的成就以長生爲根本。也就是說，壽命無盡，長生不死。雖然也有陽神出殼、白日飛昇之結果，然這種結果是長生的昇華，是生命形式的轉換，即陳攖寧先生所謂「精神與物質混合團結煅煉而成者」胡海牙·仙學指南·北京： 中醫古籍出版，一九九八： 五五。陳攖寧先生認爲：「仙學中分兩大部分，即住世仙學和出世仙學。住世仙學中包括身體健康法、壽命延長法、駐顏不老法、人種改良法，這些方法如果能普及，則進化過程當然可以縮短。在別種科學上，雖亦有類似之法，大概要借助於身外的物質，在仙學上只憑自己修養的工夫。……出世仙學比住世仙學更進一步，須得初步工夫有了基礎，方可從事於此，其中包括斷烟火食法、肉體化炁體法、炁體出入自由法、炁體聚散隨意法、炁體絕對長生法、炁體飛昇到另一世界法，此乃專門仙學所獨有者，別種科學萬難做到，但必須下多年苦功，方有成就。」胡海牙·仙學指南，北京：中醫古籍出版，一九九八：六四。又云：「人的身體，是固體、液體、炁體和靈性所構造；仙的身體，是單純炁體和靈性所結成。人沒有肉體，即不能生活；仙離開肉體，更可以長存。肉體構成的萬分複雜，故不耐冷熱，熱極則腐爛而亡，冷極則凍僵而死；仙是單純的炁體，故冷熱皆無妨害，熱極不過身體膨脹放大而已，無所謂腐爛，冷極不過身體收縮緊密而已，無所謂凍僵。仙在此世界上，雖暫時以肉體爲房舍，若一旦遷移到其他世界，即拋棄肉體，僅用炁體上昇。」胡海牙·仙學指南，北京：中醫古籍出版，一九九八：六五。這些更明確了仙學「證道唯生，不待來世」的基本原則。

對於陽神出殼與白日飛昇，陳攖寧先生曾云：「『白日飛昇』這個術語，由來已久。不必說知識階級普遍傳聞，就是那些村夫野老市儈流氓，雖學問全無，而對於白日飛昇之說，總能領會其意，決不至於誤解。當然不是從書本子上得來的知識，必是古代神仙有此等事實表現，眾目共睹，方能流傳於民間如是久遠耳。魏書釋老志已經有『白日昇天』及

『長生住世』之說，可知古代神仙家是以此二者爲目的，若不達到此種目的，則不足以言成就。後世一般學道人士，畏難苟安，不求深造，上等的成就，不過坐脫立亡； 中等的成就，不過預言死期； 下等的成就，不過無疾而終。 能出陽神者，就算是鳳毛麟角，『白日飛昇』四個字，簡直可以不必談了」「古人所謂『白日飛昇』者，就是連自己的肉體跳出這個地球之外，神形俱妙。 後人所謂『出陽神』者，因爲沒有法子擺佈這個肉體，只好把自己肉體當作房屋看待，把自己靈魂當作房屋中的主人翁看待，靈魂暫時住在肉體之中，用工夫修煉。一朝瓜熟蒂落，則靈魂可以獨立自由行動，與肉體脫離關係。 靈魂輕清，飄然飛出此地球之外； 肉體重濁，塊然拋棄於山谷之間。 此即『出陽神』之說，在仙道中也算是大成。但可惜神雖妙而形不妙，比較古仙，有愧色矣」。陳攖寧：讀化聲叙的感想，揚善半月刊，一九三五，三(六)： 三。 這裏更清楚地說明了「證道唯生」，即仙家成功是肉體生命的昇華。陳攖寧先生在答上海錢心君八問中曾云： 「神仙要有憑有據，萬目共睹，並且還要能經過科學家的試驗。 成功就說成功，不成就說不成。 其中界限，儼如銅牆鐵壁，沒有絲毫躲閃的餘地」「譬如我自己是個學仙的人，設若僥倖將來修煉成功，必有特異之處，可以顯示給大眾看見。倘仍舊不免老病而死，又無絲毫神通，你們切切不要烘雲託月，製造謠言，說我已經得道，免得欺騙後人」。陳攖寧：答上海錢心君八問，揚善半月刊，一九三六，三(二三)： 九至一二。

根據陳攖寧先生對仙學成功標準的論述，基本可以確定，其對仙學的成就是以「證道唯生」爲最基本原則的。而陳攖寧先生所規定的仙學成就的目標，即長生不死、陽神出殼、白日飛昇，也是驗證仙家乃至現在所謂的丹道家修煉是否成功的標誌，甚至可以說是唯一標誌。

長生不死、陽神出殼、白日飛昇，這些仙學在此世界的成功標誌，只存在於典籍之中。雖然我們經常能聽到出陽神、飛昇的事例發生，但基本上都經不住檢驗。仙學這門學術，已留傳了數千年，雖然成功的事例很難一見，但他爲人類追求生命的極致提供了一條思路。而陳攖寧先生「證道唯生」的觀點，也爲仙學的科學性、嚴肅性提供了一條明確的驗證標準。而這一標準的重要意義，是給予仙學一種理論上的可證僞性，以及實際中的可實驗性，使其真正具有科學性，已經超越了狹隘的去辯論諸如飛昇有無的範疇。

我與胡海牙老師，將陳攖寧先生的仙學學術命名曰「陳攖寧仙學」。我也將陳攖寧仙學定義爲，以陳攖寧先生重科學、重研究、重實踐的思想爲主要依據，以三元丹法、中醫針藥、內家拳法爲主要內容，通過人體自身的真實修煉，以期達到生命極致的學問。這樣定義，也是希望在陳攖寧先生「證道唯生」的基本原則指導下，對仙學進行更爲有益的研究與探索。

「弘教以學」是道教發展的必由之路

我在陳攖寧先生生平述略一文中曾提到：「陳攖寧先生的一生，是『以學興教』的一生。雖然他一直以仙學爲立足點，但他從來没有忘記道教的復興。從最初在揚善半月刊發表弘揚道教的文章，作中華全國道教會緣起，出版道學小叢書、女子道學小叢書，到編寫復興道教計劃書，乃至新中國成立後擔任中國道教協會會長時組織道教人士研究道教史、開展道教知識學習活動等，無一不在爲道教的發展而努力。陳攖寧先生的道教概念，是廣義的。他包括了道家、道學、道教、仙學等，與中華傳統文化密切相關的多方面内容。雖然陳攖寧先生最終没有能證到仙學的最高境界，但他所倡導的仙學學術，不僅推動了道教的復興，也得到了學界的認可。著名學者柳存仁在談到民國以後的道教時曾說，除了前中國道教協會會長陳攖寧有些思想上的成就外，恐怕民國時期没有什麼有影響的道學家。」蒲團子：陳攖寧先生生平述略：弘道，二〇〇九（二）：六二至六三。陳攖寧先生最初將仙學從道教中單獨提出，被一些人認爲是分離仙、道。爲此，陳攖寧先生在答拙道士、黎道人二君中謂：「當今之世，輕視道教者，實繁有徒，請看商務、中華兩家出版書籍，凡關於道教者，皆無好評。而且道教史中，居然有佛教痛駡道教之語。道教概説、道教源流等書，亦復偏袒佛教。僕自憾才疏學淺，又苦於輔助之無人，若就道教立場，與彼等作筆戰，設不幸而失敗，恐重累及道教之全體，故將陳綫範圍縮小，跳出三教之外，以仙學爲立足點，而抵抗彼等之進攻。苟受挫折，亦不過損我一人之名譽，與中華整個之道教固無傷也，並且不至於惹起儒釋道三教之爭議。愚見認此爲最妥的辦法，故改變以前之論調耳。』陳攖寧．答拙道士、黎道人二君．揚善半月刊，一九三七，四(二四)： 一○。其實，在陳攖寧先生最早發表的一篇關於道教的文章中，對道教的定義，就有廣義的界定。

中國道教源流概論一文，應該是陳攖寧先生最早見諸刊載的專門道教文章。這篇文章最初發表於一九三四年一月十六日出版的揚善半月刊第一卷第十四期。文章云：「現在吾人談起道教，總不外乎正一與全真兩大派，然兩派皆不是道家真面目，豈但不知黃帝、老子之遺言，並且不明參同契、抱朴子之學說。」陳攖寧．中國道教源流概論．揚善半月刊，一九三四，一(一四)： 二三○。由此可知，陳攖寧先生所謂的「道教真面目」，當指黃帝、老子益世之道學及參同、抱朴修身之仙學。陳攖寧先生的這句話，也可理解爲： 道學、仙學乃道教之體，即道教之根本； 正一、全真乃道教之相，即道教之外延。而陳攖寧先生專弘仙學，其實也是在弘揚道教，只是利用「仙學」之名詞作爲立足點而已。其在答上海錢心君八問中，也談了以仙學爲立足點的原因： 「宗教這個東西，在以後的世界上，若不改頭換面，他本身就立不住。無論道教、佛教、耶穌教、天主教，以及其他的鬼神教、乩壇教，一概都要被科學打倒。豈但宗教如此，連空談的哲學也無存在之價值。我勸君還是走神仙家實修實證這一條路罷。將來或者尚有戰勝科學的希望。」陳攖寧：答上海錢心君八問，揚善半月刊，一九三六，三(二三)：九至一二。這裏也明確地指出道教以後要面臨的困境與解決的方法，也明確地指出了其弘揚仙學的目的所在。

誠如陳攖寧先生所言，在科學日益發展的時代，宗教面臨着被科學替代的局面，道教也不例外。如果一如既往地固守信仰、迷信的老路，道教亦如其他宗教一樣，走向滅亡。而做爲道教之體的仙學，因其具有實際操作性，並且對人體產生的效驗有可驗證性，是具有科學性的方法。如果從仙學入手，或許可以保護道教不被替代。這裏，陳攖寧先生只是從仙學中丹道修煉的角度來闡發自己的以學弘教的觀點。道教中具有科學性的內容，並不僅僅是仙學中的丹道修煉術。比如胡海牙老師將中醫針藥、內家拳法也納入了仙學體系。而中醫針藥、內家拳法，也是在道學的理論指導下形成的，並且一直主要流傳於道教團體。這些學術的研究、傳承與發展，同樣有着綿延道統、承續道脈、維護道教的作用。將這些具有科學性的學術加以保護與研究，纔是道教得以長久發展的根本。我與胡海牙老師撰有談陳攖寧仙學的科學性一文，其中對仙學的科學性有相當的論述。這也說明，陳攖寧先生「以學弘教」

的思想，是道教發展的必由之路。

在具體實踐中，陳攖寧先生除了倡導仙學之外，也主要以道學爲主。如其在復興道教計劃書中羅列了九條大綱。其中「道教講經壇」「道學研究院」「道功修養院」等條，都是爲全方位闡發道教「真面目」而設。在其設定的「道教講經壇」一則中，提到演講材料時，以老子道德經爲首選，繼則諸子經書，繼則歷代道教名人言行錄，最後纔是各種勸善格言，幾乎没有提及諸如太平經等具有明顯宗教特徵的道教經典。而其設定的「道學研究院」，將「道教真義」「道教源流」列爲首務。這也是其注意學術，以學弘教的一種體現。而「道功修養院」則是體現道教貴生，實踐仙學方法的機構。陳攖寧：復興道教計劃書，引自：蒲團子：稀見丹經續編，香港：心一堂出版社，二〇一二：二一五至二三二。一九六一年，陳攖寧先生當選中國道教協會第二任會長後，在政府相關領導的支持下，成立了道教文化研究室，並組織人員編寫中國道教史，還出版了道協會刊、創辦了道教徒進修班。這些也是陳攖寧先生對其當年復興道教計劃書的具體實施復興道教計劃書初作於一九四二年，修訂於一九四七年，是爲當時上海市道教會而作，也是通過學術的研究來弘揚道教的一種表現。

從陳攖寧先生傳世的文稿來看，他對道教的教相——科儀、經懺等並不重視，而是主張把主要精神放在道教的教體——學術與文化研究上，這也是他對「道教真面目」的認定及以學弘教思想的實踐。

餘論

陳攖寧先生一生著述頗豐，但基本上都是圍繞着廣義的道教——道學、仙學、道教內容來撰寫的。故新中國成立之初編纂的辭海「陳攖寧」條中即稱其爲「道教學者」辭海編委會.辭海.上海：上海辭書出版社，一九八〇：四三二。由於其學術影響，也在道教組織中擔任了重要職務，成爲新中國成立至今，唯一一位不是正式出家道士的中國道教協會會長。曾任中國道教協會第一屆秘書長、副會長，第二屆會長。這跟他「證道唯生」的仙學思想與「弘道以學」的道教思維是分不開的。

二〇一六年八月二十七日蒲團子於玄玄居

關於授受——從胡海牙老師的學生談起

前幾天，有一位朋友說，有人向他介紹了一位胡海牙先生的關門弟子，還說海牙老師在臨去世前向這位「關門弟子」傳授了某某訣，並有照片爲證，希望我能確認一下。經過仔細詢問，大約知道這位先生是何許人也。我告訴這位朋友，這位先生是真是假，不可能有準確的答案。信了就是真的，不信就是假的。究竟這個人是不是胡海牙先生的弟子，胡海牙先生向這位先生傳授了什麼，已經不重要了。即使海牙老師在世，也不可能有什麼明確的答案。

其實，一直以來，就有不少朋友向我諮詢海牙先生的傳授情況。甚至有人將外面一些自稱海牙先生弟子又行爲不端之輩，拿來跟我開玩笑。特別是海牙老師仙逝以後，「入室弟子」、「秘傳弟子」、「嫡傳弟子」、「唯一弟子」、「關門弟子」就層出不窮，經常能看到某某得胡海牙先生之真傳、秘傳。這些人中，有些人我認識，有些人我聽說過，有些人聞所未聞。就在不久前，徐師兄因海牙老師醫學傳承事來找我，希望我帶一個海牙先生醫學方面的學生，其間也談到了海牙老師的學生問題。徐師兄是老師眾學生中，唯一一位比我隨老師時間長者。在老師的眾學生中，我稱之爲「師兄」者共有三位，一位是徐師兄，一位已去世，還有一位是學界中人。學界中之師兄，雖認識老師時間較長，但跟老師在一起的時間並不多。幾位師兄對我都很客氣，我對他們也都比較尊重。其他人大多比我要晚，或隨海牙老師的時間要短。徐師兄問我，爲什麼現在老師的學生一下子冒出那麼多。這大約是因爲老師不在世了。我也詳細向徐師兄講述了老師真正傳授的問題及弟子的情況。

我自己曾經遇到這樣的事情。因爲跟海牙老師學習多年，特別學習了其醫術，故經常有朋友因身體因素來我處尋求幫助。一些對醫學有喜好的朋友，也願意來交流。曾經有幾個人，是我的朋友介紹來訪的，見過幾次面，也偶爾談及醫學方面及胡海牙先生的針灸方面知識。前幾天，一位朋友來訪時告訴我，這幾個人已在外行醫，並聲稱是我教他們的，針灸是得我之親傳，而且收費還頗高。這不禁讓我驚詫不已。還有人稱，其某某訣是得自於我。這幾位先生，確實都跟我見過面，也確實交流過一些醫學、丹道方面的內容，但並未有什麼實質性的探討。這是因爲，醫學關乎人的生命，特別是針灸，是直接在人身體上施術，稍有不慎，就會有生命危險。至於丹道，我更是很少與人交流，即使多年老友，也只交流前輩掌故而已。說這些，只是想說明，見過胡海牙老師的，未必就一定得過什麼傳授。至於照片，說明不了什麼問題。何況現在的電子技術，什麽樣的照片做不出來？記得老師生前，曾有一位他的學生，突然說其與陳攖寧先生有合影，要請老師去他家看。老師婉言謝絕。我問老師原因，老師說，這些是江湖伎倆，如果去看了，假的也就成了真的。

現在社會上經常出現這個嫡傳、那個秘授，甚至一些死了好幾百年的人，都能顯化傳授。什麽呂祖親臨，柳祖重現，丰祖指授，不一而足。這些在舊時代也不一定能騙得了人，現在却經常能招徠一些信眾。至於如何判別真假，不少朋友希望我能提一些建議。我認爲，不妨從以下兩個方面去判斷。其一，看其收不收費，收費標準是多少。如果收費額度自己能接受，即使花的是冤枉錢，就當買教訓了。如果收費標準自己無法接受，最好能慎重考慮。真正的傳授這些知識，是不可以用經濟來衡量的。一個好的老師，窮其一生，也未必教出一個好的學生，僅僅靠錢是靠不住的。二者，看其教授的内容是否在學習者身上有真實受用。如果傳授者鼓吹某種學問有多麽多麽好，但學習以後，未有任何真實效驗，至少説明這種學問不適合於學習者。當然，判斷的方法還很多，但這兩個條件是最重要的。這是對初涉此道者言。如果是深諳此道，或自以爲深諳此道者，那又另當別論。

二〇一五年十二月十八日蒲團子於存真書齋

讀永春山房版道竅談三車秘旨合刊書後

永春山房版道竅談三車秘旨合刊，係西派銅梁一支銀道源等人所刊印，對研究西派銅梁一支有一定的意義。

第一次看見永春山房版道竅談三車秘旨合刊一書，是在二〇〇六年。當時售價不足二百元。因爲發現時此書已經出售，後經多方努力，竟然未能再覩是書之真容。直至今日，在龍靈老弟的幫助下，終於從某處購得一册，已然十年光陰。而定價，也上升了近二十倍。想想前段時間所購之道學小叢書、女子道學小叢書全本，亦是經過十年之久，不禁頗爲感慨。

見書之後，約略翻閱一過，内容雖略有調整，但大體無差。並不像西派此支傳人所說的那樣，丹道刻經會版道竅談三車秘旨合刊有錯認、誤會之處。倒是永春山房版刊刻者的認識，恐怕有不恰當之處。通過兩個版本的粗略比較，古學道者傲慢之態，亦顯而易見。比如對道竅談的看法，對三車秘旨的看法，銅梁一支就顯得有些主觀了。至於「李真一」即「李涵虛」一說，更是無稽之談。只是，還有一些所謂的西派門人對此抱一些幻想而已。

西派發展到今日，就我所見，除了上海某先生所得頗合李涵虛著述所論之外，其他均需要理性看待。銀道源誤認祖師，徐海印論及傳承與李涵虛不合，更有冒稱周道昌一派者招搖過市……遥想昔日李涵虛先生之著作風行一時，從其學習者亦爲數不少，發展到了今天，竟然落得如此局面，亦可慨可嘆。

因爲計劃撰寫西派研究，故而對凡涉及西派者，均須做一定的瞭解。能得閱永春山房版道竅談三車秘旨合刊一書，也算是多了一些對西派的見識。

永春山房版道竅談三車秘旨合刊一書，見於十年前，得於十年後，十年之間念念不忘，今日一旦得閱，也算是一段因緣，於兹了結。書中内容，還需要時間細讀。至於以後會否再做整理，也未納入計劃。隨緣而定吧。

二〇一五年十二月二十七日蒲團子於存真書齋

讀書雜感

前一段讀了一本書，名曰打眼，共兩册，是講古玩行作假的一些事例。作者是北京一位古玩收藏家，書中的事例基本上都是作者的親身經歷。

打眼，是古玩行的一個術語，大概的意思是，買了假古玩，上當了。按我的理解，應該是指行家上當。因爲没有古玩知識的人或對古玩一知半解的人上當，只能說知識不够，應該談不上打眼。既然能稱之爲「打眼」，應該是針對古玩的行家裏手。打眼應該不光限定於造假，以次充好即用價值較低的真品冒充價值較高的古玩的情況也存在其中。

其實，丹道、養生方面，也不乏「打眼」現象。特别自二十世紀八十年代中國大地「氣功大潮」以來的三十多年間，丹道、氣功、養生方面，魚龍混雜，真僞相摻。有的方法純屬私意猜度的，編造一個神秘的歷史，取一個誘人的名字，就成了「真傳」「正宗」； 有的方法只是前人修養内容的一部分，後人則「拉大旗，作虎皮」，演繹發揮，摇身一變爲一個大的流派； 有些的方法是古人已經淘汰多年的方法，後輩則從陰山背後挖出來，極力鼓吹。如此種種，不僅一些初學者容易上當受騙，一些此道之「老作家」，也往往有誤入其門者。記得當日「三家龍虎丹法」經學界某君鼓吹後，一時間被玩弄者紛紛，不少丹道名流、民間大家，都爲其傾倒。更有一些真正對丹道有深入研究的先生，亦不慎被其愚弄。

「打眼」，在古玩圈子裏是丢人的一件事。凡是遭遇打眼事件者，一般都不願意自己說出去。一是怕被同行笑話，一是怕別人覺得自己的水平不濟。事實上，在古玩行中，沒有遭遇「打眼」的很少。記得打眼一書曾經記載，現在世界範圍內存在有完整汝窑器物，不足七十件，而今天的市面常能見到完整的汝窑器物。不敢說每件都是贋品，但真的應該極少極少。丹道也存在這樣的現象。從古到今，歷代祖師都認爲「真師難遇，真訣難聞」，而且很多時候是一脈單傳。但是我們經常能聽某某正脈、某某嫡傳之類的說法。特別是一些傳承已久的流派。如前些年某先生自稱親見柳華陽於某地，得其親傳。又有某先生自稱於夢中得逢李涵虛，受其指點。得呂祖、三丰指授者，更是時有人出。至於南宗的承傳者，更是人人自稱直接紫陽一脈，並大多能編造出一套完整的譜系。曾經有朋友問我，這些人中，究竟有没有真正的有真傳實授者，我只能回答「不知道」。這不是託詞，實在從他們的行跡與方法中，無法看到符合真傳實授的跡象。

當然，相對於那些假冒的而言，還有一些確實有益於人，也確實來源於丹道的方法。但這些只是丹道的一部分，或者跟丹道有一定的關係，不是真正意義上的丹道。丹道的目的在於成仙，雖然成仙這件事很難有把握，但其有完整的程序與方法。而真正能正確認識此程序與方法的人，確實很少很少。大多數丹道人士，對丹道一途多有偏重，很難融會貫通。

曾經有朋友問我，如何選擇丹道或者養生方法，哪些方法是真的。我的意見是，把丹道和養生當成一種興趣。也就是說，把自己當成一個人，該吃則吃，該睡則睡，不要刻意戕害自己的身體。在這個基礎上，再利用餘暇，實踐自己所學到的丹道或養生方法。如果身體從中得到益處，就繼續下去，如果對身體無益或出現不適，就放棄或換一種方法。至於說到真假，假的還好界定，真的則很難界定。所以，只要不觸犯律法，不傷天害理，不有損陰德，都不妨用實踐驗證。

「打眼」來源於貪。如果沒有貪念，打眼的概率會降到很低。丹道也是一樣。人的生命是有始有終的。雖然我們的祖先發明了神仙學術，但從古到今，真正成就的人，只能在典籍中見到。我們學習神仙學術，自然希望成從中得到切實利益。但數千年，就典籍中記載的成仙也是鳳毛麟角，我們是否想想，我們真的就是那些有資格成仙的人麼？自古一脈相傳的東西，爲什麼就一定會傳到我們某個人的身上？多想想這些，我想，上當的概率可能會少一些。

記得一位朋友說要跟我學習仙學，我問他，難道就不怕我騙他麽。他說，他只想學養生的、中醫方面的知道，只要不刻意追求「陰陽工夫」，他認爲一般不會上什麽當。我很認同他這種說法。其實自丹道有陰陽、清靜之說後，不少求道者，都是因爲陰陽法而上當受騙的。我認爲，就像古玩一樣，我們不要刻意追求什麽真正的秦磚漢瓦、鈞瓷汝窑，買個工藝品，圖個好心情就行，没有必要刻意追求什麽「真訣」「真傳」。否則，鮮有不「打眼」的。

二〇一六年一月十日蒲團子於存真書齋

蒲團子按　經常有朋友讓我幫其鑒別秘傳丹法、養生術、醫術的真僞與優劣，而且大多數朋友希望我認可他們見到的方法、說他們見到的方法是好的。但從我的認知角度來看，很難認可那些方法。故而，因看打眼一書，纔有一些感慨。「丹道有風險，學者須謹慎。」這是我的建議。

易筋經概説

易筋經，既是一本書，也是一種鍛鍊方法。很多人知道易筋經，大都來自於近今武俠小説。在小説裏面，很多時候，易筋經被視爲少林不傳之秘，屬於至高無上的武學。其實，這並不是憑空虛構的，因爲在傳世的易筋經版本中，多有類似的評價。

易筋經傳本情況

易筋經最早的傳本出現於清代康熙、雍正年間，雖然每種版本的篇首均有唐代李靖與宋代牛皋的序言，但這兩種序言一直受到學界的質疑，大概率是假託其名。雖然是書相傳爲達摩所傳，但也無法確證。然傳本基本上都尊此書爲達摩所著。近今學者對此書的作者有着這樣或那樣的考證，最終尚無定論。

易筋經流傳於今的版本，有四十種左右，大多數與武術有關。早期的傳本，多爲手寫本，基本内容包括揉腹内壯、器械排打包括石袋排打、杵槌搗擊、運氣排打等、排打手指、手指插豆、神力八段錦徒手提舉等八個動作，不同於世傳八段錦，有的版本中還有下部即男性生殖器行功十一法及房中術。部分傳鈔本還有其他一些與此版本不符的內容。在早期的版本中，很多並沒有洗髓經。多數版本有序言或跋語中，均提到學習易筋經工夫，會力大無窮、神勇無敵，且在房事中極强健，還有延嗣種子之功效。

易筋經還有一個傳本，據說是傳自甘鳳池。甘鳳池傳本在上述基礎上，又增添了一些新的內容，如十八把勢、自來勁等。此支所傳版本，獨成一派，但同樣是以武術爲主。

至清代道光三年公元一八二三年，傳金銓校、市隱齋版易筋經，纔出現了今世流傳甚廣的易筋經十二式。但唐豪當年認爲，道光三年並無十二勢。究竟是唐豪誤記，還是市隱齋道光三年刊本有兩個不同的版本，暫無考證。但迄今爲止，已見到的易筋經傳本中，以道光三年市隱齋版爲最早收錄易筋經十二勢者。後「本衙藏板」易筋經亦收錄有易筋經十二勢，且「本衙藏板」流傳最廣，故使之傳播開來。此後的一些版本，則只收錄十二式，並合入床上十二段錦之類的鍛煉方法，獨立成書。

在民國年間，還出版過一種重慶人周述官在光緒年間編纂的增演易筋洗髓內功圖。此書幾乎囊括以前易筋經洗髓經各種版本中的主要內容，並且增入了其他一些與易筋經有關的圖、勢。

這是易筋經傳本的大略情況。除了這些傳本外，民間還有一些所謂的「秘傳」。詳細的討論，以後將有專門文章，此不贅述。

易筋經内容

易筋經所謂的「易筋」，按易筋經總論言：「易者，變也；筋，勁也。原夫人身髓骨以外、皮肉以内，四肢百骸，無處非筋，無用非筋，無勁非筋，聯絡周身，通行氣血，助翼精神，提携動用。筋弛則痪，筋攣則瘈，筋攣則痿，筋弱則懈，筋弱則亡。再覩筋壯者强，筋舒者剛，筋和者康。……今以人功變弱爲强，變攣爲長，變柔爲剛，變衰爲康。」這即是「易筋」大略之意義。

從易筋經的方法來看，主要是鍛煉肌肉、韌帶等維繫人體運動的組織。所以，易筋經所「易」的「筋」，是以肌肉爲主。

通過易筋經各種版本的比較及内容合併，可知易筋經主要有以下幾種内容。

一是内壯揉腹。即用手按揉腹部，這在易筋經中稱之爲「内壯」。在揉腹的基礎上，還要進行排打。排打又分爲沙袋排打與杵槌排打，後來還有一些延伸的排打法。總之，是强健腹部及胸背的肌肉，並通過肌肉的强健而壯骨健髓。

二是下部行功。也就是對男性生殖器的鍛鍊。除强健生殖的作用外，還有一重意義，就是抗擊打。因爲對武術家來說，男性陰部是需要保護的重要部位，因爲這個地方不耐擊打，如重力衝擊，很容易受傷而影響戰斗力。這部分内容，現在市場上經過包裝、改造，非常盛行。甚至開發出女性的陰部鍛鍊法。

三是手部功夫。這個主是對手指等可用擊打的部位進行訓練。比如用石袋排打手指，手指插黑豆綠豆混合物等。這也是傳統武術基本功之一。

四是肢體運動。無論是十二勢、十八勢，或者床上十二段錦，都是通過肢體的運動來調節身體。這類的運動，基本上是武術的輔助内容。

五是其他方法。在易筋經的傳本中，由於傳鈔者的不同，裏面也會有一些不同的内容。比如存想、呼吸等，大多都與修養工夫有關。但這些方法大都不高明。

我對易筋經的取捨

我研究易筋經，主要是因爲經常有朋友向我垂詢關於這種方法的相關問題。後來由於自己及親友們的身體需要，所以以十二勢爲基礎，結合自己隨師學習的一些内容，重新進行了改編。

現在的人們，運動量偏少，且由於長時間使用電子產品，如電腦、手機等，腰椎、頸椎、肩胛骨等部位容易積勞成疾，出現酸脹，甚至疼痛等感覺。嚴重者則會出現腰椎間盤突出等。還有些人，由於長期的疲勞，會引起心腦血管方面的疾病。重新改編過的「易筋經十二勢」，主要針對此類情況而設。

易筋經有很多內容屬於武術，需要下苦功夫來鍛鍊。但很多人的目的不是成爲武術家，更多的目的在於健身、防病，或者調理身體的不適。從這個角度出發，「易筋經十二勢」等則比較合適。而且，經過改編以後，操作起來更爲方便，針對性更強，這也是我們願意推廣的主要原因。

二〇一九年一月三十日農曆戊戌年臘月二十五日蒲團子於玄玄居

實修探微

夢境、夢修及西派諸夢與友人談

古語有言：「至人無夢。」也就是說，只要尚未達到至人的境界，一般人都會做夢。在心理學實踐中，科學家對夢的產生有過各種各樣的研究與探索，雖然未能徹底將夢及做夢的原理解釋清楚，但也有了相當的研究成果。在現實生活中，一些人雖然對夢及夢境有着濃厚的興趣，甚至對夢境所示有着各種各樣的解讀，但大多數人還是能區分清楚夢境與現實的差別。誠如英國心理學家靄理士所說：「夢境總是夢境，做夢的人也明知其爲夢境，而不作把夢境轉變爲實境的嘗試。」

夢是一個極其私密，甚至可以說是一個絕對私密的事物。除了做夢者本人外，其他人均無法窺得做夢者的夢境。

在傳統的修煉中，往往有人將夢及夢境引入修煉體系。有謂夢中出現異象者，有謂夢中遇師者，有謂夢中尋師者，有謂夢中遇真仙者，有謂夢中做工夫者。這些夢境，大多與做工夫之人的心理乃至深層心理活動有關。這些都是人正常心理活動展現出來的正常現象，不足爲怪，亦不必引以爲傲、爲喜。然而，總是有人將這些夢境臆想爲真實，甚則迷戀此類夢境，以至精神錯亂。而一些所謂的「指導老師」們，對夢的產生及其科學意義不求甚解，將一些修煉中的現象與這些夢象牽强附會，非但不能幫助這些執著夢境者走出迷惘，反使這些執著夢境者沉迷更深，最終造成易入魔境的趨勢。

從現代醫學與科學的角度，無論是否修煉者，他們做夢及夢境，均與心理活動有關。即使一些看起來比較怪異的夢境，如果追根溯源，大多數能找到這種夢境形成的原因。

還有一種被稱爲「白日夢」的現象。即在清醒狀態下腦子裏產生的幻想、幻境。這種夢境多是在主觀誘導下產生，也可以隨做夢者自己的意識而變化。在丹道工夫中，也有利用白日夢模式進行修煉的方法。即利用意識造成幻境，然後用意念控制幻境，力圖達到自己在正常做工夫時無法達到的狀態。這是一種專門的工夫，並非普通做工夫者在日常生活中的做夢與夢境，與專門的用意念導引者也有不同之處。這種工夫需要在相當有經驗的老師指導下方可進行，否則易入魔境。這種方法也可以稱爲夢修。但現在社會上傳授夢修方法的，多有弊端。

在丹道修煉者中，除了真正的夢境之外，還有一些人藉助夢境傳達一些特别的意思。比如西派的做夢，是有傳統的。根據李道山的《李涵虛真人小傳》記載，李涵虛的母親在生李涵虛時，「夢一道人懷抱金書一函入門，寤時則真人生焉」。這個夢肯定不是李道山所能親眼見到的，也肯定是聽他人轉述的。根據李涵虛真人小傳記載，李涵虛生於嘉慶丙寅年一八〇六年八月初四日寅時。而在此前不久，四川另外出生了一位道門人物——唐道宗。據葉德豐三復先生傳載，嘉慶丙寅年秋七月二十六日，「方其蒲團子按：指三復子唐道宗生也，太祖蒲團子按：太祖，指唐道宗之曾祖父唐清遠，諱仲璽夢天漢流光，照徹三界，一人乘碧雲，握金書，冉冉下降於宅而即没」。這兩位同爲四川籍的人士，出生相差不過數日，且均有「祥瑞」之夢示現。所以，後來的「西派」，有歸屬李涵虛者，亦有歸屬唐道宗者。但普遍認可李涵虛的「西派」。今日凡談及西派者，基本上是指與李涵虛一派有關的西派。蒲團子按：現在的西派，基本上成了「鼻外虛空」的天下，與李涵虛先生的著述已有很大區別。故現在的西派，已不能完全稱之爲李涵虛的西派。其實，從古到今，這種出生前有異象示現的出生方式屢見籍載。在李涵虛匯集的老子真傳中，也有類似示現。老子真傳云：「老子，楚人也。父乾元杲，爲商上御史，娶洪氏，諱嬰敷，晝寢，見五色霞光擁太上老君降於空際，倏變爲流星，飛入口中，遂凝瓊胎，十二年而生。」其他仙傳之類的典籍，這類說法也是不鮮見。

在民國年間，西派的一位傳人鄧雨蒼曾夢見一位名爲「善教大真人」者，後得李涵虛著作後，方知「善教大真人」即李涵虛。這個夢確實有值得研究的地方。

在近今，自稱西派的陳某，也有夢中傳感之說。具體如何，未暇細考。但從「圓嶠内篇」等書名的確定，及相關說法，似乎其傳感所得，與李涵虛原著有牴牾處。聽說陳某的門人中，也有人出現白日夢式的境況。

在歷代修煉者中，將夢境與現實分不清者有之，將真境與幻境相混淆者有之，因爲分不清夢境與現實、真境與幻境而出精神錯亂者亦有之。這與科學的發展有關，更與個人的心理素質與醫學素養有關。所以，客觀、合理、科學地看待夢與夢境，對做工夫者來說，頗爲重要。其不僅可以妥善處理做工夫過程中出現的一些意外，也可以預防出現意外。

二〇一六年八月十八日蒲團子於玄玄居

修煉雜談

一

丹道修煉，跟佛家修煉，本身是兩個系統，雖然相互之間有相通之處，但畢竟是兩門學問。丹道順應天地之自然，是尋求宇宙之規律，也就是「道」。以道的運行規律，作爲自身行爲的規範，從而通過相應方法的修煉，達到與道相合與道合真、永恒存在的目的。丹道追求長生不死，是永生，而不是佛家所說的「生天」「天道」。永生，要注意「永」字。既然爲「永」，就是永恒，沒有死，也沒有輪迴。這種概念與佛教的寂滅雖然形式相反，但意義相同。佛家的寂滅，就是不再生，不生則無所謂滅； 丹道的永生，是不死，不死自然不生。同樣是永恒，狹礙的佛教徒則以爲道家提出了「天」，就認爲是佛家的天道，就認爲還要落輪迴。這無疑是宗教思維、迷信思維，而非理性、客觀的思維。誠然，丹道主張的永生，很難做到。只要修煉者生命終結，其「永生」的目標已告失敗。至於坐脱立亡、棄殼而去之類的說法，是沒有說服力的。其實，佛家主張的寂滅，也是死後纔得證的，一樣沒有說服力。同樣無法求證，同樣死去，何來一個生在天道輪迴，一個脱離六道輪迴呢？這是宗教迷信者常見的言論矛盾之處。

二

清靜丹法的進陽火、退陰符與抽鉛添汞，各有專指，無非平衡身中陰陽而已。丹道進退之子午，均爲譬喻，借天時而喻人身氣機之運行也。至於活子、活午，亦爲專指，當於人身陰陽氣機發動處求之。睡中陽舉等，僅是一種表象而已。當然，進陽火、退陰符還有深層的意思。陳攖寧先生曾有一個譬喻：「譬如鐵匠煉鐵，先用猛火燒，令内外通紅，此即是進陽火；然後又將此紅鐵淬於冷水之中，使其堅結，此即是退陰符。又如寒暑表，熱則上昇，即是進陽火；冷則下降，即是退陰符。人身亦同此理。」此方爲進退之真義。

三

丹家之沐浴工夫，係借日常沐浴爲喻。日常沐浴，水太熱則燙傷皮膚，水太寒則冷及皮膚或致寒氣侵内，均有損身體。故宜水温適度，不寒不燙。丹道修煉到一定程度，亦須停火不運，不進火，不退符，不使太暖太寒，默默靜守。卯酉沐浴，不離任督，不事進退。

四

道家所謂的胎息，是指通過修煉，達到鼻不呼吸，類似嬰兒處胎時呼吸的狀態。人之呼吸出入，日夜不休，若稍有停頓，則有危及性命之虞。丹道用逆，通過自身修煉，將晝夜永不停息的呼吸，人爲地煉成不呼不吸、類若嬰兒處胎時的狀態，以之延長人的壽命，以期進而修煉成仙。雖名胎息，並非指肚臍而言。丹道修煉，很多工夫與呼吸出入及心臟跳動有關。

按：本文原是陳攖寧仙學隨談（貳）中讀陳健民關於丹道論述雜記中的幾句段按語。因不少朋友常問及類似的問題，故單獨抄出，以供參考。

二〇一七年十二月三日蒲團子於玄玄居

仙家的坐脱立亡、陰神、陽神與白日飛昇

修煉的目的，是爲了擺脱人類生老病死的困擾。無論是佛家，還是仙家，雖宗旨有別，方法各異，但這個目的是相同的。無論是稱之爲仙學，還是稱之爲丹道，雖名目不同，但這個目標是明確的。一些人因爲通過學佛或修煉丹道治癒了身體上的疾病，便將佛法或丹道認定爲養生法門。對於受益者而言，無可厚非。但這並不是佛法與丹道的本義。養生的方法很多，如果用佛法、丹道做養生的法門，難免大材小用。一個人要修煉，首先要清楚的，就是修煉的意義。

仙家的修煉，就是通過丹法的實踐，讓自己的身體達到不死，脱離生老病死乃至輪迴之苦。仙家的目的是長生，長生即永恒。佛家結果是寂滅，寂滅亦永恒。要達到這個目標，並不是一時半刻就能完成的。

仙家的修煉，重視今生成就。也就是説，通過修煉，在肉身未滅之前達到仙人的境地，也就是長生不死的境地。人生苦短，古有「人活七十古來稀」之説。今天人們的壽命已普遍延長，百歲老人也屢見不鮮，但要肉身不滅前，也就是説，要在生前證得仙人之果，

並不容易。在這種情況下，就有了「出陰神」的說法。

出陰神，是指人在修煉過程中，由於肉體衰壞，不能承載修煉者繼續做工夫，故修煉者在肉體滅亡之前，將自己經過修煉而達到靈性之神，及時移出體外，然後再尋找適合的肉體宅舍以安放之，以便繼續修煉。簡單地說，當人感覺自己要死時，先將自己的「神」從身體內調出，放棄身體，然後讓經過修煉已經具有靈性的「神」，再找一個可以安放的肉身。這種方法稱之出陰神。與出陰神相關的，還有移居、投胎、奪舍。移居，是將已出之「神」投到他人健康的肉身之中。投胎有兩種說法：一種是說當嬰兒出胎時，將已出之「神」投入嬰兒身內；另一種說法，是指在嬰兒處胎，尚未出胎之時，將已出之「神」投入母腹。奪舍，是指他人剛死，肉身未壞，即將已出之「神」投入其中。移居、投胎、奪舍尚有其他說法，這裏僅略舉一說。這三種方法，都是修煉者在肉身敗壞的情況下，爲繼續修煉而做出的無奈之舉。其道雖被稱爲「鬼仙」，但這也是長期修煉纔能達到的結果。有人將這幾種情況視之爲「靈鬼」，並不十分準確。因爲鬼是自然死亡的結果，而陰神則是修煉之後的結果。陰神雖然被命之「鬼仙」，但已沾仙氣，而無鬼趣。

出陰神，也被稱之爲坐脫立亡。因爲修煉者能及時地將自己的「神」調出軀殼之外，神出而肉身即亡，故稱坐脫立亡。但這個「坐脫立亡」是被迫的，不是修煉者理想中的事。

坐脱立亡還有一種情況，就是陽神出殼。即修煉者通過丹法的修煉，煉就陽神。此時神已出入自由，修煉者不欲繼續停留在肉身上修煉，故而主動放棄肉身，讓陽神出殼而去。這種出殼，是想去就去，與肉身的健康與衰朽並無關係。也就是說，這種出神的方法，是修煉者主動的，不是被迫的。這也是後世所謂的真正意義上的「坐脱立亡」。即在行功中脱質沖舉，肉身遂告滅亡。這種情況稱之爲出陽神，也是真正意義上的「神仙」。理論上，陰神經過相當的修煉，也可以達到陽神的境地。

陰神與陽神的區别在於，出陰神是被迫的無奈之舉，出陽神是自由的主動之舉；陰神不可見，陽神可見；陰神不能改變物質，陽神可以變化無方。所以，仙家以出陽神爲最基本的仙學成就。出陽神就是身外有身，可以有目共睹。

出陽神更進一步，是白日飛昇。白日飛昇，就是修煉者陽神可出而不出，在肉身内繼續煅煉，將肉身一同煉化爲炁體。

還有一種是拔宅飛昇。就是一個人修煉成功，其家人、家中所養禽畜均隨之成仙上昇。成語「一人得道，鷄犬昇天」，就是指此而言。拔宅飛昇的代表人物是東晉的許遜，即許旌陽。太平廣記載，當年許旌陽一家四十二口，「拔宅上昇而去」。

無論出陰神、出陽神，或是白日飛昇、拔宅飛昇，均見於記載，是否真有其事，尚需認真研究。近年常有人傳播臺灣吳君確先生飛昇事，並稱其飛昇之日，所居之處數里光明燭天、異香不絕這個記載好像已錄入「百度百科」。我曾請教信奉此說者，所謂的「數里光明燭天」是吳先生的弟子看見的，還是有目共睹的；這種異象是否在當地有記載；氣象部門對此種異象是否有記錄；異香不絕，是人人得而聞之，還是只有吳先生的門人能聞見等等。記憶中，這位先生最後支支吾吾，顧左右而言他，我只有作罷。說真的，我還真希望吳君確先生是飛昇的。這樣，我們這些後輩還真有些成仙的希望。只是，從其傳播者的口中，實在看不出確鑿的證據。

歷史上出陰神、出陽神、白日飛昇的故事很多，通過仔細地研究分析，基本上都是「故事」。如果要深究起來，漏洞百出。修仙是人們擺脱生老病死的一條途徑，成仙是人們超越自我的一種希望。我們要保存一綫的希望，哪怕這種希望很渺茫。但我們不能因此而自欺欺人。我很希望修煉成仙是真實可靠的，那樣人們對生命會有更多一些的選擇。只是，現在見到的「成仙」事例，基本上是不靠譜的。

還有一種「煉神」的方法，不同於仙家丹道的修煉規程。這種方法從一開始，就從調神出殼入手。一般的做法是冥想自己的「神」從頭頂昇出。這個方法我在二十多年前曾經試驗過。當時以爲真的是「出神」，經過這些年的學習，認爲這基本上是心理暗示的一種。關於這種出神的方法，我近年也有過研究，有些地方還需要再深入探索。西方也有類似的調神方法，但這與仙家丹道的方法與目的均不同。

二〇一七年三月十四日農曆丁酉年二月十七蒲團子於玄玄居

睡功淺說

行、住、坐、卧是人類生命活動的四種形式，古人將之稱爲四大威儀。真正的修煉家，隨圓應方，順其自然，故做工夫時，也不拘坐卧，根據具體環境而運功，也就形成了後世所謂的行功、站功、坐功、卧功。行走之時，「兩脚任從行處來，一靈常與氣相隨。有時四大薰薰醉，借問青天我是誰」，是爲行功； 站立之時，鬆靜自然，不摇不擺，是爲站功； 盤膝垂腿，清心落坐，無思無慮，是爲坐功； 似睡非睡，非睡似睡，默運玄功，是爲卧功。後世所謂的睡功，即是卧功，即利用睡卧姿勢做工夫的一種形式。

與其他三種做工夫的形式相比較，睡功的適應人群更爲廣泛，基本上人人皆可從事睡功修煉。至於細節上，則應根據每個人的具體條件來確定。

一般而言，睡功只需要一張床或者能容身體睡卧之地即可行功。但最好還是能有專門的静室，房間陳設要簡單。做工夫用的床具，最好是木板床，在床上要鋪上柔軟舒適的厚棉墊子。墊子的厚度，以身體躺在上面没有阻礙感爲度。如果要在身上蓋被子，最好是薄輕的被子，不宜太厚。否則，會影響做工夫的質量。

關於做睡功時的姿勢，歷來就有不同的說法。有人將佛祖涅槃時的睡姿奉爲睡功的金科玉律，有人將古代導引術中曲肱護陰之法視爲睡功正統，還有將各種寺廟宮觀仙佛造像有睡姿者奉爲圭臬者。依我之見，在最初做睡功時，應選擇一個舒適的睡姿，不必追求典籍所載之姿勢，也不要刻意追求秘法秘訣，自己感覺舒適無礙即可。

睡功的具體内煉方法，從古到今，經典記載，師傳口授，方法眾多。最著名的，如陳摶的睡功訣。其訣云：「龍歸元海，陽潛於陰。人曰蟄龍，我却蟄心。默藏其用，息之深深。白雲上卧，世無知音。」後人又有將此訣稱爲「蟄龍訣」者。其實，這篇睡功訣中，「蟄心」二字最爲的端。依我看法，在睡定之後，身體不要再動。此即陳攖寧先生靜功三步之第一步，也是最重要的一步：身體不動。然後其他什麽都不用管，只管一直靜下去。這時腦海中可能會出現雜念，也不要去管他。等靜卧到一定程度，雜念自然會慢慢消除。這樣慢慢就會達到「蟄心」的地步。如果在做工夫過程中睡去，也不要管他，任他睡去。

如果有社會工作的人，能按上面的方法去做，已够用了，不必追求更深層次的方法。因爲這些本來是過去修煉家追求生命極致的方法，需要有專門的環境方可進行實地修煉。

睡功除了這種自然法門，還有一些特別訓練的方法。比如設計夢境法、控制夢境法等。這些需要對修煉的學問有相當的理解，又有合適的老師指導，及志同道合的同道互參，方可實行。初學之人不可孟浪行之。

二〇一六年八月三十日蒲團子於玄玄居

工夫修持中的「聽其自然不可任其自然」

任何一門工夫，都有其相應的軌轍。這種軌轍，因人而異。在做工夫時，當身體進入一定的狀態之後，勿忘勿助，聽其自由發展，此謂之「聽其自然」。但當狀態深入時，身體有時會產生的一些特殊反應，如果不能正確地處理，可能會引發弊端，此時則需要因勢利導，將不利因素極時處理好，此即「不可任其自然」。丹書中常有「防危慮險」之說。「不可任其自然」，亦即「防危慮險」的一個重要內容。譬如一個正常的小孩子，他在玩耍的時候，監護人只需要關注其行爲即可，不可過多地干涉孩子的天性。但孩子總有出格的行爲，或者會影響他人，或者會傷及自身，這時候監護人就需要對其進行相應的疏導。或規勸，或引導，或阻止其行爲，不可任其胡爲，以免發生危險。

「聽其自然」，是常法；「不可任其自然」，是權法。常法易行，權法需要一定的知識與經驗。

二〇一七年二月十二日丁酉年正月十六蒲團子於玄玄居

與某友談真空大定

真空大定，今日已成爲套語，並被認作西派鼻外一支徐海印一脈之的傳。實則此爲丹家術語，並不限定於西派鼻外一脈。

真空，相對應爲妙有；　大定，相對應爲靈動。「真空大定」或「大定真空」，必然有「妙有靈動」或「靈動妙有」與之相對應，如此方爲完整。　空而不空，是爲真空；　有而不有，方爲妙有。　只空不有，是爲著空；　只有不空，是爲執有。　各有偏執，易入歧路。　真空大定與妙有靈動之關鍵，在於如何把握。　既要知「凝神於虛」，還要曉「合氣於漠」。　其最要者，須知玄關一竅。　否則空有、動靜皆無從談起。　這是對正式入室而言。　若初學者，做鼻外虛空亦可，聽呼吸亦可，聽皮膚亦無不可，尚論不及此。

關於徐海印先生鼻外虛空一著，其在玄談集有幾句話，一定要再三玩味。　如能參透其中玄機，就無所謂身外身內、鼻外鼻內了。

性命圭旨煉形說載真空煉形法云：　「每於曦馭未昇暘谷之時，凝神靜坐，虛以待之，內捨意念，外捨萬緣，頓忘天地，粉碎形骸，自然太虛中有一點如露如電之陽，勃然入玄門、透長谷，而直上泥丸，化爲甘霖，而降於五内，我即鼓動巽風以應之，使其驅三關九竅之邪，掃盪五臟六腑之垢，焚身煉質，煆滓銷霾，抽盡穢濁之軀，變換純陽之體，累積長久，化形而仙。」識得此中竅妙，空有不二，圓通無礙。然須抽絲剥繭、去蕪存菁方可。

另，不論身外虛空，還是鼻外虛空，尚要知道妙有一層工夫。後略。

二〇一七年四月十三日農曆丁酉年三月十七日蒲團子於玄玄居

陳攖寧抄秘傳用功口訣

在陳攖寧先生校訂的三乘秘密口訣一書之後，附有陳先生從他處抄來口訣三則，一曰秘傳用功口訣，二曰關鍵訣，三曰潔淨訣，均是對真實修煉相關的內容。其中秘傳用功口訣的第一部分，是行功前的準備工作。我以前在相關文章也提到過類似話題。陳攖寧先生所抄此段，與愚意見多有相合者，故抄登出來，供習靜者參考。

原文

靜坐焚香，止念忘情，心死神活。厚鋪坐褥，寬衣解帶，於子時向東盤坐，握固，端身，直脊，唇齒相著，舌柱上腭。口不開，耳返聽，目垂簾，自元宮回光返照於臍下。

原注

靜室者，使無喧擾之患；　焚香者，誠潔以通靈氣；　止念者，斷滅一切妄念；　忘情者，物我兩忘，忘情則復性矣； 心死者，妄心已息； 神活者，靈明自生； 厚鋪坐褥者，使體不倦也； 寬衣解帶者，令氣得流神也； 子時者，乃陽氣發生之時也； 向東者，取生氣也； 盤坐握固者，收攝精神也； 握固者，手握拳也； 端身直脊者，使周身之氣能昇降也； 口不開者，氣不散也； 耳返聽者，精不耗也； 目垂簾者，神不昏亦不露也； 目光自元宮返照臍下者，譬如天上日月之光下照於地而生萬物也。

蒲團子按

靜室，對現代人來說，不是很容易達到。 特別是在都市中生活的人，很難有一方安靜的修養之所。 記得我當年到香港交流時，提到如果有一間十平米左右的房子即可够用。 蓋十平米者，取義「方丈」一丈見方。 一起交流的朋友都笑了，說香港十平米要花不少錢的。 我自己在北京生活多年，也無有靜室。 現在回到陝西，依然未能設一靜室。 所以說，靜室一層，已屬不易。 當然，在這種情況下，可用變通之法，但畢竟没有專門的修養場所方便。 再者，除靜室外，修養者還應該有空閒的時間。 至少工作不太辛苦，人事不太紛繁，否則徒有靜室，於工夫並無助益。

焚香通靈，這是古人的說法。 宗教中也有這種說法。 其實焚香的目的，是爲辟穢，即淨化空氣，讓靜室中的氣味聞起來舒適一點。好的香，比如檀香、沉香等，還有安神之作用，有助於做工夫者平心靜氣，專意工夫。

止念、忘情、心死，這些條件，頗不易做到。除了修養者先天素質外，還需要通過工夫積累來逐漸達到。對初學者來說，入坐即要止念、忘情、心死，不太可能。

鋪厚褥、寬衣帶，這些都是必需的。因爲正式做工夫，第一條就是要靜。如果座下不適、衣帶緊張，人無法放鬆，於工夫有妨礙。

子時、向東，是做工時間與方位，不可拘泥。

盤坐，是古人做修養工夫最基本的方式之一，亦不可拘泥。

握固，有一種說法，就是將大拇指放在手心，其他四指握之。還有一種說法，就是兩手交叉相握。握固的目的，是爲了防止入靜到一定層次後，身體如果出現意外刺激，可以在條件反射的情況，對身體進行調整。特別是在工夫做到深層，出現幻視、幻聽，或神遊體外，或見神仙，或見仙境，或遇恐怖事物等時，或神思恍惚，游走不定時。出現美景，身體鬆弛，有時可能會擺動或傾倒，這時一般兩手自然會略微緊張，提醒做工夫者要調整身體。如果遇到恐怖之事物，身體自然緊張，兩手也會自然用外部刺激提醒做工夫者需要調整。這些都是身體的自我保護功能。做工夫中，很多手印、手勢，都有這種功能，並没有什麼神秘意義。

端身直脊，還可以使修養者打起精神。精神圓足，有利於工夫的進步。

口不言、聽不聞、目不視，正是參同契「耳目口三寶，閉塞勿發通」之義。其目的就是爲讓修養者減少外界的干擾，安心地進行工夫修養。關於此三者，各家道書中所論極多，亦極透徹。

返照臍下，爲做工夫的常用法門。不一定要拘泥於此。我認爲，這種方法對男性或有作用，對女性未必適合。

此則口訣，陳攖寧先生從何處抄來，未暇細考。後面還一段小周天工夫，與其他丹經所言無甚區別。因做工夫中，關於事前準備論及者較少，故特抄此段，並附贅言，以供參考。

二〇一七年十一月十七日農曆丁酉年九月廿九日蒲團子於玄玄居

從楞嚴經有關男女兩性之事談起

修煉者如何處理夫妻兩性生活，比較受關注。特別是尚未正式入室用功的修學者，對處理夫妻兩性生活也頗多困惑。

楞嚴經在論天趣之欲界天時，曾有幾則關於男女性事的論述。一是凡人未能捨割與妻妾之間的恩愛，有行男女房事之欲望，但在行房事時，心無旁騖；二是與自己妻子行房事之欲望澹薄，但在清修時，也偶爾有夫妻房事；三是偶有行房的欲望，但與妻子行房事之後，不去追憶行房時之種種感受，並且日常少動多靜；四是平時沒有行夫妻房事的欲望，但遇到妻子有需求時，被動地產生欲望而與妻子行房事；五是自己沒有與妻子行房事的欲望，但遇到妻子有需求，也被動地與之行房，但不感覺有普通人所感覺之愉悅感；六是雖然看似與普通一樣有行房之事，但從始至終，自己沒有欲望，未來時不想，結束後不憶。陳攖寧先生曾將此六點歸納為：「一，正淫未斷，邪淫已斷；二，正淫亦不貪，但未全斷；三，逢慾暫交，事後無念；四，平時不起慾念，但有時為被動的，或不能無念；五，雖為被動，亦不感覺有味；六，雖同世事，全無心想。」這幾乎能涵蓋大部分修學之人應對夫妻房事時心理與生理，只是層次存在差異而已。

中醫學提倡節慾，但也有「慾不可縱，亦不可絕」之說。這是從醫學理論上着眼。中醫有很多調節夫妻房事的方法。這種方法，也就是後世所謂的「房中術」。房中術最早提倡「節宣之和」，也就是說節制與宣泄要有適度。這種提法要比孫思邈之「慾不可縱，亦不可絕」早很多年。但道理是一樣的。當然，房中術還有一些所謂的還精補腦之說，後來也摻進了一些採補之術，甚至還有更下乘的東西。其目的，就是爲了節制「精」的施泄。這裏的「精」，實則是狹義的「精」，即男性的精液女性相同。這種節制，往往違背醫學生理學，最終不僅不會給修習者帶來利益，甚則會傷害身體。其實，房中術的精義，還是在於「節宣之和」，即「慾不可縱，亦不可絕」。這是從普通人養生角度而言。關於房中術相關內容，我與海牙老師所撰之還精不能補腦一文中有說明，此不贅述。

丹道一貫提倡積精累氣、寶精裕氣。嚴格地說，就是做到精不外泄。但尚未正式入室用功之修煉者，特別是有家室者，夫妻之義務不能不盡，這時要完全做到「精不外馳」，大多比較困難。雖然丹家也有不少閉精不漏之法，但那些都是爲了正式入室下功者所設，有家室而不能禁房事者，或者有社會工作者，既不可輕易實踐，即使實踐，也大多不會有太好的效果。其中，有閉精一段時日忽衝關而出者，有閉精後不善運化而生成痞塊者，有强行閉精而出現面紅目赤者，種種景象，難以盡述。原意本爲延生續命，反因之戕害身體，實爲不美。

以我之愚見，丹道修煉在未正式入室用功之前，不必急急求閉精禁慾，不妨參考楞嚴經中六種思想，結合自己的實際情況，隨圓應方，方便行事。等機緣成熟，有條件正式入室用功，再用專門的丹道方法，閉精禁慾，斷絕夫妻房事，一意進取，趨向心理與生理的進一步昇華，方爲高明。

今讀陳攖寧先生楞嚴經講義至「天趣」之「欲界天」一節，思及諸友人往日多有論及此話題，故拉拉雜雜，略述己見，以備參考。

二〇一八年九月二十七日農曆戊戌年八月十八日子時蒲團子於玄玄居

爲實證找一塊地方

這些年，一直有朋友問我，有沒有什麼適合做工夫的地方。回答這個問題很難。不是地方不好找，是合適的地方不好找。

龍靈老弟也一直與我討論尋找一塊修養之地的問題，並時時留意我們理想中的地方。但從實際情況來看，現成的地方恐怕是不容易的，所以，在條件允許的情況下，可以考慮自己建造或改造一些地方。我的看法，可以從三個方面思考。一是城市，二是農村，三是山林。三種環境，可以根據具體的條件，設置適合做工夫的場所具體設置方法，可再仔細研究。城市與農村，我們都做過相應的考察與論證，都具可行性。山林尚未進行過有效的實地考察。

前幾天，龍靈老弟約我去北京郊區縣的一塊地方。此地是某一個近山頂處的山村，四周植被尚好，空氣清新。有一座小院子，年久未住人，如果要做工夫，需要修繕，並需要建造幾間可供用工的丹室。如果能按我們的要求改造，應該可供應用。

城市中建造修養之所，不能選在大城市。大城市稍嫌喧囂，不利於清修。具體的地方，我自己曾經研究過。但這個造價可能要高於山村很多，設施也需要根據地點的具體情況而定，而不能太過隨意。此是其與山村相較存在的劣勢。

現在能見到的修養場所，大都雜亂無章，而且偏於盈利性。如何讓修養場所能維持下去，就要考慮是否要收費。能否採用其他開源的方式維持修養場所，讓前來修養做工夫者，特別是經濟能力薄弱者，可安心地修養，不爲費用困擾。這些是重中之重。

大多數朋友都學有傳授，而無地方安心實踐，或無有專人照顧，故修養場所應以提供環境及相關的服務爲主要任務，而不以方法的傳授爲主。如果做工夫者確有需求，可按其需求，免費做適當的方法交流。

因爲近來屢屢有朋友問及此事，故將我們相關的調查與思路略作匯報。

二〇一五年十月五日蒲團子於存真書齋

仙道答問

關於金火大成出版事答某先生

某先生大鑒：

陳攖寧等前輩鈔本金火大成一書的整理出版，現在還没有定期。原因有以下兩個方面。

一是版權保護。外丹書對我來說，除了資料意義外，没有什麽用處。因爲我自己並不研究外丹法。故而，不論什麽外丹書，如果符合我們整理出版的原則，我都會公開流佈。金火大成也是一樣。但我們出版的一些圖書，在不同程度上有被盜版、侵權的現象，所以對一些孤本要籍的整理，我們只能越來越慎重。因爲我不希望我們出版的一些孤本道書被人盜用。這不僅是對這圖書的不尊重，也是對著作權的不尊重。丹道這個圈子侵權現象很嚴重，而且都是舉着道德的口號來侵權的，所以對金火大成的整理，我還未完全納入計劃。以後可能會逐本整理出版。這個現在還没有確定的意向。

二是時間關係。最近由於編纂陳攖寧仙學隨談一書，所以没有時間去做古籍整理工作。明年有一大段時間要從事其他事務，古籍整理的進展恐怕也不會太大。如果要整理金火大成中的内容，也得根據具體的時間來決定。但近期很難完整地整理這本書。

我所知道的陳攖寧先生等鈔本金火大成的内容大概有以下幾種：龍虎上經、金誥摘錦、無極經、漁莊錄、地元正道、三種金蓮、秋日中天、中天附集、黄白雜咏、我度法藏、黄白指南車、金火燈。金火燈已於外丹經匯編第一輯中刊出。

承蒙先生問及，故簡覆如此。

蒲團子

二〇一五年十一月九日

答某先生問飲食

每個人的體質不同，對食物的需求也不同。所以，同一種食物，此人覺得美味無窮，彼人或者覺得無法下咽。這是很正常的事情。有些人天性不喜葷腥之品，有的人則是由於環境而改變了飲食習慣。既然先生吃辣椒、蘑菇、香菜、葱花及一些肉類等食物會產生不適，自然應該盡量避免進食這些物品。當然，也有變通的辦法。記得當年我去重慶，重慶的朋友請我吃火鍋，但他自己不吃辣味，就用一碗白開水把煮過的食物涮一下，以去其辣味，我稱其爲「過水火鍋」。純粹用藥物方法對治，未必是好辦法。

前一段時間，我又去重慶，有一位女士，每進食肉類即會發生鼻出血，食素則不會鼻出血。經過中醫、西醫檢查，她的身體其他方面都是正常的。故我勸她暫且食素。但她怕自己「營養」不够，影響身體。理論上，人的飲食是需要葷素搭配的，但各人的體質有別。即如這位女士，她的身體排斥葷食，故至少在一段時間內，應儘量避免食用葷腥之品，以防止發生鼻出血。等過了這段時間，或許再吃葷腥就没有關係了。

至於改名字後身體發生變化，或事業、命運有所改善，我對此持懷疑態度。我覺得，這跟人的心理作用關係很大，只是要深層分析，頗嫌麻煩，只有待以後有機會再說。

二〇一六年一月十五日蒲團子於存真書齋

答某先生問龍虎三家、陰陽丹法等

問　所謂三家龍虎丹法，妄圖用後天引先天，如此得到的必非先天一炁，而是只成幻丹的某種東西，是否養生亦未可知。伍柳真人的從無念無欲中來，有爲只是外相。謂清靜、龍虎有一個共同秘密是不成立的，本質就不同。不知先生認爲這樣理解對否？

答　現在那些人所說的三家龍虎「丹法」，屬於邪教性質無疑。他們所謂的坐享其成，只是痴人說夢而已。伍柳丹法中，最初還虛比較重要。能把最初還虛做好，肯定會少一些麻煩。傳統意義上的「龍」「虎」乃至「龍虎丹法」，跟現在的龍虎「丹法」不是一回事。現在的龍虎「丹法」其實就是進氣法，是被中醫淘汰了的一種急救方法。傳統意義中的龍虎丹法，屬於秘傳方法。至於說清靜與龍虎有一個共同秘密，是指傳統意義上的龍虎丹法，跟進氣法不是一回事。進氣法用在現在，遲早要被法律制裁的。

問　藏傳佛教密宗亦有雙修法門，不過似乎也非正道，爲現代密宗所不容，不知道家秘傳的龍虎丹法是否與其類似？

答　道家的「龍」「虎」，是代名詞。但這兩個字，已然被弄壞了。道家本身的龍虎丹法，其實還是離不開清靜、陰陽兩種。這只是名稱的問題。藏傳密宗的雙修法門，前輩中人多有論及，跟道家的陰陽法不是一回事，區別之處很多。現在密宗不容納這種東西，可能跟社會情狀與法制有關係。

一些學道的人，不知陰陽丹法之真相，更不思自己之條件，而求諸於房中術，以希從中覓得陰陽丹法之真。然房中術雖著作頗多，但比較明顯，沒有神秘感，所以又有人轉而求之流傳比較神秘的藏傳密宗。其實，藏密中很多內容，比房中術還要差。只是一些學道的人並不清楚，這也是無可奈何的。

問　後學無緣得遇真師，只是從大成捷要、伍柳仙宗等較淺顯之書中一窺丹道之奧。竊以爲，其諸真人之說方爲修行正理。但看到某教授到處高價熱賣的道家丹法入門之書，其中竟有內容大肆推薦陰陽男女之術，還奉爲獨到的妙旨捷徑。在下雖學識淺陋，但終覺得不能認同其說爲一種正確的丹道之法。先天一炁當從先天狀態中來，借由後天色相欲望中來，豈非即是前輩祖師書中批判的邪法？現在社會上有很多丹道的愛好者，如果通過這樣的書來學習丹道，豈非認賊作父、誤入歧途？

答　真師是可遇不可求的。在未遇真師之前，自然應以看書爲主，並輔以一些基礎的修養，以儲備修道資糧，爲遇師得訣後的入室用工做準備。大成捷要、伍柳仙宗等書籍，確爲正道。至於方法上的優劣，是在人之理解與體悟。這些書中的方法，可以作爲好道者自修之指導。

某教授的丹道著作，確被一些丹道人士所吹捧。這些人中，不乏一些對丹道有一定見解的人。究其因，丹道文化歷來是民間文化，今日能有一學界人士參與其中，使之能堂而皇之地成爲學術，這讓一些原先有自卑心理的丹道人士，有了一種被認同的感覺。故而，這些人便不遺餘力地吹捧之。還有一個原因，是普通人對學術界人士盲目的崇拜。中國大陸的學術職稱評審制度尚存在漏洞，一些在學術上沒有真才實學之徒，便利用這些漏洞，混出一些職稱。而普通人對此又無法識別，故難以判斷這些著述內容的優劣與真假。更有國人缺乏獨立思考之習慣，故使得一些學界人士的謬論廣爲流。某教授的著述，亦是如此。至於誤入歧途與否，這個得看閱讀者的智慧。須知，天下無論何種事情，沒有坐享其成的。如果想不勞而獲，恐怕難以有所成就。

至於陰陽丹法，確爲丹家秘傳。外界流傳的大多是冒名的東西，與真正的陰陽丹法不是一回事。正因爲這種法門傳授隱秘，故真假很難辨別。我記得以前曾說過，大意是「凡妄圖從他人身上討得便宜的，均非真正的陰陽丹法」。以之辨別，大體不差。

二〇一六年二月一日蒲團子於存真書齋

補問　我也認爲，陰陽丹法，蓮花生大士可爲，六祖慧能可爲，他們天生慧根夙緣，修行前已大徹大悟。就像六祖慧能初一聞金剛經就已開悟，所以五祖傳其衣鉢密旨，即身成佛。凡人無此境界，貪圖捷徑，恐欲速而不達，反入邪妄之途。

補答　陳攖寧先生在朱永金火燈傳賢不傳子論之後加按語云：「若問如何資格方爲載道之器，頗不易言。倘能得英雄氣魄與菩薩心腸兼而有之者，最合資格。不得已而思其次，亦要當得起『君子人』三個字的名稱。否則恐於仙道無緣矣。」世間英雄氣魄與菩薩心腸兼而有之者已屬鮮見，即如「君子人」者，亦不多見。故慕道、羨道者多，能得真道者寡。

二〇一六年二月七日即農曆乙未除夕蒲團子於存真書齋

答「論龍虎三家『丹法』之邪教本質」一書事

□□兄鑒：

近段時間忙於俗務，又回陝十數日，上網不便。當口兄來電，正在繁忙之中，未能細談，今就所問論龍虎三家「丹法」的邪教本質一書事，簡述如下。

龍虎三家「丹法」屬邪僞之道，已是不少丹道愛好者乃至多數對此道有深入研究者的共識。愚弟當日撰寫龍虎三家「丹法」析判一書，前後經過十年左右的調查與分析。龍虎三家「丹法」析判一書的出版，也是包括道兄在內的諸位好友督促而成。其中之原因，當日已有過多次討論。南方某先生，由於某些原因，雖未公開撰文批評此道，但在網絡論壇上也屢次直指此道之邪僞。某先生當日曾語愚曰，其目的也是爲了讓更多的人不要陷入此種邪徑，哪怕只是一個人有所警醒，其願已足。這也與我當日撰寫並出版龍虎三家「丹法」析判之意相同。原打算寫完龍虎三家「丹法」析判一書後，不再在「龍虎三家」問題上多費心思。故而，愚在龍虎三家「丹法」析判一書後序中曾言：「雖然龍虎三家說還有很多倫理、律法、道德、社會等方面的問題存在，但要一一分析，所花費的時間頗巨，所以這種事情還得慎重對待。」這既是實情，也是想借此提醒「三家龍虎『丹法』」的擁躉，龍虎三家「丹法」析判一書只是從學理上對「龍虎三家『丹法』」進行分析，還有更嚴重的問題沒有涉及。令人欣慰的是，龍虎三家「丹法」析判一書出版之後，有不少丹道愛好者，因讀是書而對被謊言包裝成爲「舉世無匹敵」「中華之瑰寶」的「龍虎三家『丹法』」有了新的思考。更有一些原先對「龍虎三家『丹法』」莫名擁護的丹道人士，也開始正視這種被包裝後的邪術。可以說，龍虎三家「丹法」析判一書，基本上達到了我們的初衷，即讓更多的人對這種邪術能多一些思考，而不去盲從。

在二〇一五年十月前後，因閱某雜誌，看到一篇依然堅定地爲龍虎三家「丹法」招魂的文章。理論探討，本無不可。然而該文作者的行文，一如既往地引用、編織謊言，並顧左右而言他，對關鍵性的問題採取僞裝的手段。該文作者的文章，跟其二〇〇〇年左右向某學者遞投名狀後的其他文章一樣，漏洞百出，不值一哂。然這篇文章中有一個令人喫驚的舉動，就是堂而皇之地認爲，龍虎三家「丹法」利用童男童女做修煉工具是合理合法的。這種莽撞顯頊的行徑，是非常令人震驚的。迄今爲止，從張義尚到某「學者」，乃至湘地某弟兄，凡是談到龍虎三家法實質時，均是用隱晦的言語。而且這幾位高舉龍虎三家法大旗者，也明確地說過，用童男童女是法律所不允許的。惟有此文作者，供職於某地道教組織，而公然爲這種邪術做所謂的「正名」工作，實不知其究竟是何目的！這也是我動念撰寫論龍虎三家「丹法」的邪教本質的緣因之一。

客觀地說，某君那篇文章實在没有什麼可辯駁的。作者的行文，基本上是自我催眠而已。但如果要撰寫論龍虎三家「丹法」的邪教本質，那篇文章却不能不談。當年某「學者」綁架了一大批年輕的「學者」及一些道教「名流」，而那篇文章的作者，同樣挾裹了一些道教人士。這是很麻煩的事情。因爲，通過我多年對這種有邪教性質團隊的瞭解，這種團體終究要出問題的。幾位當事者、鼓吹者難辭其咎，自不待言。而那些邊緣人士，也可能免不了相應的追責。這是我不願意看到的，也是在計劃撰寫論龍虎三家「丹法」的邪教本質後與幾位同道經過多次討論過的。

不止一個人問我，爲什麼斬釘截鐵地說龍虎三家「丹法」具有邪教本質，並有人認爲我這種提法是不是有些太過分了。可以明確地說，龍虎三家「丹法」確實具有邪教本質。但「邪教本質」與「邪教」不同。邪教本質是指這種方法的團隊運作、理論基礎、操作方法、社會影響均符合國家乃至國際上對邪教問題的定義。而最終會不會被認定爲邪教，則是國家有關部門的職責。也就是説，認定其具有邪教本質，是理論上的事；確定其爲邪教，是法律上的事。有朋友曾提醒過我，某君曾與國家反邪教部門關係密切。這個沒有關係。邪教問題是國際問題，跟主張者的身份沒有關係。從過往國家對邪教的態度可以看出，只要真的是邪教，或具有邪教性質，任何文明國度都不會放任的。

至於其邪教的性質有哪些，這個可以參考國家及國際上對邪教的定義。就龍虎三家法而言，用童男童女做修煉工具，這已涉邪教性質，無論在何種文明國度，恐怕都是法律明文禁止的。一些落後的國家，雖然有虐童的行爲，但爲國際社會所不允許。而這種方法的推崇者將其稱之爲「中華瑰寶」「世無匹敵」，既是對中華文化的侮辱，也是對現代文明的侮辱。這種東西，只能爲現代社會徒添笑料而已。至於這群人組織的團體，編造的謊言，擬定的圖騰，結合在一起，很多問題就很明顯了。

也曾有人引用某「學者」自稱曾爲某領導教養生的事例，認爲這是一層保護傘。要知道，秦漢時就有這種術士了。有些地方普通人無法去考察，故而說說無妨。但如果認真起來，恐怕後果難以預料。

論龍虎三家「丹法」的邪教本質一書的撰寫，現在只是個計劃。材料雖早已收集完成，也與一些法律界朋友、醫學界朋友有過相應的交流，但我現在尚無時間實施寫作計劃。最早也得明年下半年。所以將相關情況先向兄略作匯報，等時間允許，再作詳談。

此致，候大安！

二〇一六年四月五日蒲團子於存真書齋

答某先生中藥、丹道三問

第一問 最近看到一則關於阿膠的文章，據說此物其實並無實際特殊的營養成分，對增强體質也没有實際效果。據先生實際經驗來看，是否真的如此？推而廣之，是否很多流傳很久的補益品，蟲草、燕窩、海參之類，其實還是商業性質成分居多，真正的有效性，其實是無從考證，難以證實，並不是中醫中藥中有真知灼見的部分。

答曰 阿膠在中醫臨床中，常用來補益氣血，以補血爲主。現在的阿膠如何熬制，我不太瞭解。雖然醫典中常有阿膠的熬制方法，但從實際情況來看，各家熬制的工藝不同，質量也有分别，作用於人身則效果也當有異。至於是否跟先生看到的報導一樣，説阿膠並無實際特殊的營養成分，這個恐怕還是要經過實驗室的檢測纔能知曉。

記得我早年曾看過一種記載稱，熬制阿膠用的驢，平常要用名貴中草藥來餵養，養到一定程度，始取皮熬制。而熬制則須用東阿井水。至於熬制的工藝與火候，各家自有秘傳，概不示人。

至於蟲草、燕窩、海參等品，有的是因爲難得如燕窩，有的是因爲奇特如蟲草，故也被一些人所珍視。但其是否有醫療作用或營養作用，要經過實驗室檢測纔行。

前一段時間，我的家人中某人口中有難聞異味，當是胃部有恙。因熬制湯劑多有不便，故我便讓其服用成藥。經兩三日，並無療效。後思胃部之病，多爲飲食所傷，而患者又喜食肉類，故摒棄藥物，熬制大米粥一鍋，一日三次，佐以涼菜、饅頭。服用兩日，口中異味即除。大米，日常食用之物，用在此時，即可起到醫療之作用。故藥物不一定需要珍貴奇特之物，如善用之，則於平常日用之中即可得醫療、營養之效。傅青主女科云：「善醫者，只用眼前純和之品，而大病盡除；不善醫者，立異矜奇，不唯無效，反致百病叢生。」故蟲草、燕窩、海參等，只要家中條件允許，服之亦無不可。然若欲療病，當辨證論治，「有是病方用是藥」爲妥，切不可因其有特殊作用，便孟浪用之。

我跟老師在某藥店出診時，有一位工作人員問我，鼻出血怎麽辦。我問她爲什麽會鼻出血。她說是朋友因服紫河車粉而致。我問她的朋友年紀多大，她說二十多歲。我當時以爲她的朋友患有什麽重病，故仔細詢問病情。不曾想，她說朋友只是聽說紫河車粉大補，所以纔服用的，也因之纔發生鼻出血的問題。可知，無論何種藥，用之得當，自然對身體有益。若妄用之，不僅無益，反而還有弊端。

第二問　真正有水平的中醫，是否内養工夫也要有相當的造詣，纔能够對病人的氣質病況有透闢的認識，纔能作出正確的判斷？

答曰　從古到今，不少高明的中醫師瞭解内養工夫，但也有不通内養工夫而醫術高明者。這個没有必然的聯繫。而自古高明的做煉養工夫者，基本上都通醫道。醫術之高明與否，與醫者的自身條件頗有關係。當然，有好的指導老師也很重要。現在有一些人將内養工夫與醫術聯繫起來，並刻意誇大内養工夫與醫術之間的關係，這是不客觀的。也有一些修養人士，自己對醫學並無太多認識，而妄語醫道，同樣很不合適。

第三問　修道煉丹，陳攖寧先生將之明白分爲兩種定義，確實從理論上讓人清楚明白不少。而實際操作中，修道、體道、悟道、證道是前提，是全始全終貫穿一生的行跡，煉丹則是技術層面有作有爲的物理世界的實驗。若是撇開修道專求煉丹，恐怕是福德智慧均不具，到老蹉跎一場空。在世間法而言，還是要盡責任，走正道，積善業，能學習則學習，能賺錢則賺錢，不要偏離自己的追求，不要忘了自己的信仰。從能夠實踐的地方開始做起。不知先生如何評價學生這一觀點？

答曰 先生此處所言，大體不差。現在從事社會工作的人，特別是在大都市工作的人，很難談得上真正的修習丹道。我一直建議，把丹道當作一種愛好。無論是修道還是煉丹，第一條是先做一個好人，做一個正常人。現在有一些人，打着學習、傳播丹道的旗號，却做着各種不道德之舉，亦可慨可嘆。先生所云「盡責任，走正道，積善業，能學習則學習，能賺錢則賺錢，不要偏離自己的追求，不要忘了自己的信仰」，愚頗爲贊同。

二〇一六年四月十日蒲團子於存真書齋

答某先生問老子一書相關問題

老子，又名道德經。漢代司馬遷史記老子韓非列傳記載：「老子修道德，其學以自隱無名爲務。居周久之，見周之衰，乃遂去。至關，關令尹喜曰：『子將隱矣，强爲我著書。』於是老子乃著書上下篇，言道德之意五千餘言而去，莫知其所終。」由此可知，老子著書非是自願，而是尹喜「强爲我著書」。如此，老子一書似乎可看作老子回應尹喜的作品。雖然，從漢代起，歷代都有註解老子一書者，然很難證明某人之解符合老子本意，某人之解不符合老子本義。蓋此本老子與尹喜之間的交流，他人恐難深窺其奥也。

老子一書自問世以來，有從宗教意義理解者，有從政治意義理解者，有從軍事意義理解者，有從修養意義理解者，有從丹道意義理解者，有從仙學意義理解者，衆說紛紜。從而探本索源者有之，考據搜證者有之，崇古疑今者有之，信今疑古者有之。從學術研究的角度來看，這些都是有益的探索，無可厚非。但具體到我們個人，則可以根據自己的需求來理解，不一定要拘泥一家之說。陳攖寧先生當年曾經撰有老子哲學分類編，將老子一書，按内容分爲若干類，其中就有養生、政治、治世等。

李零先生對先秦文化與古漢語頗有研究，對中國傳統的方術也下過不少工夫，他對老子一書的看法自有其一番見解。錢鍾書先生對老子一書的見解，我未曾閱讀，故不敢妄加評論。但他所說「神秘家總有自我矛盾之處。但是總用一些語言的詭辯或者其他的手段來圓解其中的邏輯錯誤」，也不無道理。現實中，這種情況很普遍。黃元吉用丹道解老子，只是取其用而已。

推而廣之，我們喜好仙學或丹道者，對前輩的典籍，也不宜拘執，只要能發現其中對自己有益者即可。如果一定要追根問底，大多時候會徒勞無功。這主要是對意欲實修者而言。如果爲了做學問，搞研究，則不在此例。中國現在一些做學問、搞研究者，很多時候爲利益牽絆，很難靜下心來認真完成這些事，所以一些研究結果讓人極其失望，從而影響了整個領域的形象，這是頗爲遺憾的。

陳攖寧先生當年將仙學從宗教中剥離出來，除了當時道教衰敗不堪外，也是爲了讓這門學問不受宗教義理的影響。仙學學術，靠的是真修實證，不需要宗教信仰。學界將仙學乃至古代神仙家定義爲「神仙信仰」，是因爲他們不了解仙學的真實意義與方法，也不相信仙學的作用與效果。現在已經有所改觀。其實，不論古今中外，都有學者在研究仙學的真實意義。當然，在國外不一定叫仙學，也與中國的仙學有區別。

丹經術語及不同流派的語言風格，在很多時候確實影響讀者的理解。記得我初參胡海牙先生時，與先生交談一個下午，然後帶着各種問題，回家仔細讀書。把以前讀過的方壺外史、伍柳仙宗，按與先生交流的內容重新認真讀一遍，始覺有些滋味。後來慢慢在先生的指導下，眼目開朗了很多。記得當年汪伯英先生曾經寫過一篇文章，說的是在陳攖寧先生指導後，讀書豁然開朗的事經過。但此與每人之具體情況有關，不能一概而論。讀丹經有竅門，這個確是事實。

編寫系統的仙學資料，不太容易。我當初曾計劃編寫一本簡單易行的初步方法的小册子，但因爲種種俗務，一直未能完成，只有看以後的機緣了。

撰寫仙學史，也是件困難的事。仙家自古瀟灑飄逸，不戀紅塵，自由自在。史籍雖常有神仙事蹟，但風聞者多，親見者少。丹經道書，凡言神仙者，又多玄虛之詞。至於仙家後輩，製造神話者多。蓋仙家本隱逸，世人難明其真。今日已有着手丹道史者，從其以前的研究成果來看，恐怕不容樂觀。

以上僅爲一己之見，供參考。

二〇一六年五月二十六日農曆丙申年四月二十日蒲團子於存真書齋

原函

前略我最近囫圇地讀了老子一書。主要是參照李零先生的人往低處走一書，和高明帛書老子校注、黃元吉的書、錢鍾書先生管錐編裏的王弼註老子的幾章。

讀後，想法頗多。一者，李零先生的意思，大概老子一書是從房中術和養生術的思路來，推及治國、用兵、保身養生。我覺得，很可能，老子思考人類的出生，生命的生成和宇宙的生成，和平常通過這樣的仿照，得出一些養生的規律，類似後世的丹功。然後由此思維模式，推及到世界的一切。二者，按照錢鍾書先生的說法，神秘家總有自我矛盾之處，但是總用一些語言的詭辯或者其他的手段，來圓解其中的邏輯錯誤。三者，黃元吉的書，則以丹功來解老子，將其中的治國用兵等當做比喻，也明顯有高推、曲解的地方。

我的想法：我對於哲學思考的抽象性，明顯智力不够，所以會傾向思考爲什麼老子會有這樣的思想？李零先生和高明先生的書，李是古文字學者和古代方術研究大家；高明先生的校註，則差不多是集註。所以，幫助我從古代人的角度來看古代人。我的一個想法，是古代人未必能够很清晰地分開生命和世界和人類社會的各種不同的規律，以一種經驗來類推其他的運行規則，會出現錯誤和矛盾。再，老子的思想，如魯迅等人所提，將無爲當做手段，來達到無不爲。那麽，他從養生丹功所提煉出來的經驗規律，就被偏離了。我想，陳攖寧先生將仙學從道教中分離出來，是不是有這個意思？仙學，是門生命修煉的科學。它雖然跟過去的宗教，思想哲學有很多的聯繫。但是它自己有自己的規律，而且更多地跟醫學等有關係。跟過去的宗教哲學思想，有很不同的地方。過去的東西，可以借用，但是實踐和思想要同時互相進行修正，不能完全靠以前的宗教思想來指導生命的修煉。人是活的，思想也要常常變化，更新。

再，讀黄元吉先生的書也可以看到，黄有爲聖人諱言的意思，或者說過於崇拜聖人了，所以爲之曲解，强往聖人身上靠，多了很多不一定適用的名言來指導。再，由於各種術語和各種不同門派的各套語言，後人讀來真的很糊塗。所以，有個想法，我希望你能梳理歷代文獻，理清其思路，再用現代人的語言，有原理、有步驟、有注意點，像學校教科書一樣，寫一本書！這是個大理想，差不多是丹功史和丹功童蒙之類的兩種書。

答某道友問靜坐工夫

原問

越來越感覺到，打坐就是放鬆，身體和頭腦的放鬆。

能够體驗到的三種放鬆狀態：　第一種可以感覺到氣，然後是氣還有血液整體「波動」的狀態。最初是感覺到從未感覺過的「氣」樣的存在；　其次是感覺到氣和血，某個區域的氣和血象海浪一樣的波動，隨着心跳引起下丹田、中丹田和手足心的共振。第二種是感覺不到身體，只有「感覺」存在的狀態。第三種是所有回路都封閉的直接無眠的狀態。到底哪種狀態更利益於身體的生理功能？

答覆

第一種感覺，是完全放鬆情況下，身體的自然感應。感覺到氣和血像海浪一樣，大約這些地方以前不是很通暢，現在因爲深入的安靜，此處也得到了完全放鬆，此處的血管和神經也得到了舒緩與放鬆，但尚未恢復到原來健康通暢的狀態，血液通過時可能還要遭到一些阻力，所以纔有波動似的衝擊感。這個可能就是以前人們所説的衝關現象。

心跳引起的共振，是因爲全身都已完全放鬆，而心臟的跳動頻率，能讓身體或者説神經明顯地感覺到。在平日裏，人們由於受到外界的干擾，無法體會到這種律動，只有在相當安靜的情況下，纔有此種感覺。至於丹田、手足心共振，只是個人的因素。有些時候，意識只要稍一注意某處，就會有與心臟頻率相同的跳動感。

第二種感覺，我認爲頗合於仙家所謂的「一靈獨耀」。這是一種工夫的境界，這個時候宜存無守有，不忘不助，保持這種狀態。以後要做更進一步的工夫，這個狀態是基礎，也是根本。

第三種感覺説得不太清晰，以我的看法，與第二種感覺類似，當屬於一種靜界、定界、境界。

三種感覺，都是工夫的自然現象。如果説對於身體，我認爲都是好的。保持第二種、第三種狀態，更利於以後的功修。

二〇一六年四月二十九日蒲團子於存真書齋

答某先生問陳攖寧仙學學術事

任何一門學問，都會有不同的聲音，這也是學術良性發展的必然條件。陳攖寧先生的仙學學術自提出以來，就常有不同的聲音，這很正常。只是現在的一些批評，或太武斷，或純屬爲了批評而批評，這些都是不太合適的。

正式傳授陳攖寧先生口訣的，有五位老師，這是陳攖寧先生在文章中明確說明過的。陳攖寧先生一直認爲，口訣必須師傳口授，不能自悟。近來一些人，因爲陳攖寧先生當初給浙江文史館的簡歷陳攖寧自傳中只提到自己讀道藏研究，而未提及師傳口授一事，故屢屢撰文稱陳攖寧先生之仙學純爲自悟，而非師授。這種觀點恐怕是不嚴謹的。根據陳攖寧先生的信件與其陳攖寧自傳之初稿來看，陳攖寧先生刻意地提出自己閱道藏研究一事，其用意可能是爲了進入浙江文史館後，能將整理道藏作爲一種專門的工作，而欲得到文史館的支持。陳攖寧自傳初稿末後，陳攖寧先生曾提出三條要求，其中一條就是搜集道藏資料，重新整理。並稱，自己的生活不需要政府照顧，如果能讓他整理道藏等道教文獻，他願意加入浙江文史館，否則，自己的生活尚過得去，可以把文史館館員的資格讓給其他需要的人。當然，這種措辭有負介紹者之盛意。文史館當初的目的，是爲了照顧前清有學問而生活無着之知識人。陳攖寧先生當時雖然住在胡海牙老師家中，生活無憂，但條件與文史館員的要求符合，故最後纔用了現在大家看到的陳攖寧自傳而進入浙江文史館。此外，陳攖寧先生擔任中國道教協會秘書長後，尚未抵京，便致函當時道協辦公室主任屈大元先生，請其注意幾處道藏，最好把某處某處道藏請到北京白雲觀供以後研究之用。記得當日在香港與任宗權道長談及陳攖寧先生事蹟時，任宗權道長告訴我，他聽前輩說過，當年戰亂之時，陳攖寧先生曾建議當時上海白雲觀的住持將道藏等文獻事先轉移。如此種種，可能與其刻意自己聲明自己由道藏研究有關。但陳攖寧先生一生著述頗豐，如果僅從陳攖寧自傳中的一句話，就否認陳攖寧先生的傳承，這或許有些草率。然而，這種論調，不僅出自學者筆下，也常見於所謂的「丹道名流」之文章中。甚至當年有某君者，爲了自己的師門利益，刻意鼓吹此種論調。這些恐非嚴謹的研究態度。

陳攖寧先生一生主要提出了兩種實修方法。一是聽呼吸法，亦即「聽息法」，或稱「心齋法」；一是「三不動」法，即「身體不動，念頭不動，忘記有『我』」。聽呼吸法源自莊子，係孔子告顏回之方法。故此法說來自莊子也可，說係儒門心法亦無不可。「三不動」法之源頭，與廣成子告黃帝語及易經有關。前幾日某兄曾見告李道純書中有「三不動」一說，問陳攖寧先生當日之說是否源自於此。我因未細讀李道純之著作，故草率否定。後經某兄提供相關資料，確見有「三不動」之說。雖與陳攖寧先生之說有不同之處，但方法應該無甚區別。

今人常言，陳攖寧先生主張陳希夷、邵康節、黃元吉一系之傳授，並引爲私淑。這個在陳攖寧先生文章中確實出現過幾次。也因此有人認爲，陳攖寧先生所傳授者即黃元吉一系之學問。甚至有人認爲，陳攖寧先生是「精研了黃元吉的丹經後纔領悟出修煉的要竅，並畢生以道德經講義與樂育堂語錄爲仙學之準繩」。然而，陳攖寧先生所傳授的黃元吉一系之學問究竟是何內容，從來沒有一個人能明確說出來。雖然臺灣袁介圭先生的弟子等主張黃元吉一派，但他們也只是在聽呼吸法與「三不動」法上着手。可知，所謂的陳攖寧先生把黃元吉學說當作「仙學之準繩」的說法，或屬臆想而已。

陳攖寧先生所倡導的仙學學術，包括内丹與外丹，但不局限於内丹法與外丹法。從其眾妙居問答續八則中提出的入世仙學與出世仙學的區別來看，入世仙學中大多數内容並不是簡單的丹法就能完成的。其實，陳攖寧先生對仙學有更爲細緻的分類。此不僅零星見於其相關的文章之中，還有專門的文字傳承。

此外，今人還常用陳攖寧先生不知「龍虎三家丹法」來證明其等之「超越」。如果說他們所謂的龍虎三家「丹法」即是張義尚先生所謂的與壽世保元神仙接命秘訣相同的內容，那就是被陳攖寧先生譏之爲「揑怪」的呵氣之術。如果是童男童女那一套，陳攖寧先生在文章中已明確批評過了。有人說陳攖寧先生晚年曾欲拜某先生爲師，就爲了學習三家丹法，所以其不知三家丹法之底細。其實這裏也有很多細節值得懷疑。而主張這種說法者，其自己聲稱某先生之法爲玄微心印中的方法，即房中下乘採補之術，更非所謂的三家丹法。可知，這些提法，恐怕不是那麼的單純爲了學術罷。

除以上諸端外，還有用簡單地用「不懂」「未得傳授」等來發難者。從學術討論的角度上，任何質疑都值得尊重。然而，不論何種討論，何種質疑，最好能言之有物，理據充分，纔能有說服力。

我自己對陳攖寧先生的學問非常喜歡，也不反對他人質疑陳攖寧先生的學問。這都是個人自由。只是，有些質疑太粗糙了，實在不敢令人恭維。而這些粗糙的質疑製造者中，還不乏當今乃至以後的「丹道領軍人物」。可嘆！

二〇一六年五月二十四日農曆丙申年四月十八日蒲團子於存真書齋

關於宗教信仰、丹道等問題答某先生

信仰，是個人的自由。在很多現代國家，這項自由是受法律保護的。但信仰，並不限定宗教信仰一種。近些年，確實經常有人大肆宣揚「國人缺乏宗教信仰」論，甚至將一些有宗教信仰的成功、成名人士作爲例證。這些人的大意是，社會出現的一些不良現象，都是因爲缺乏宗教信仰所致。這種說法，實屬謬論，也是很惡毒的。作爲一個宗教信仰者，正確地、虔誠地信仰自己的宗教，正確地在合適的場所宣傳自己信奉宗教的教理教義，無可厚非。同樣，這也是國家法律保護的。然而，將一些不良現象的發生，歸咎於缺乏宗教信仰，這與邪教無異。正確的宗教，應該用自己向善的行爲，影響他人，而不是指責他人的過錯是缺乏宗教信仰所致。

不可否認，大多數宗教，是勸人向善的，也有一部分是追尋生命根源的。這些宗教，對緩解社會矛盾，促進人與人之間的友善，甚至對人類的科學技術，確實有一定的輔助作用和提示作用。但是，從歷史事實來看，後來被定義爲邪教的組織，哪一個不是打着宗教信仰的旗號？所以說，宗教信仰對社會有一定的益處，但不是決定性的。

我並不反對他人信仰某種宗教。我雖非宗教人士，但對真正的宗教人士非常尊重。對宗教，我也是非常尊重。我們這些人，或稱好道者，或稱修道者，或稱慕道者我個人更傾向於慕道者，大多數自認爲與道教有感情。記得海牙老師在世時，也常常將提及「我們道教」。但認可道教，與信仰道教是兩個意思，不可混爲一談。

時代在發展，人類在進步，法制在完善。人類社會的發展，靠的是科學技術，而不是宗教信仰。「科學技術是第一生產力」，而不是「宗教信仰是第一生產力」。記得曾與一位朋友閒談，他拿着移動電話、用着電腦，罵着科學。我說，你用着科學產品，還罵科學，那不如把這些科學產品統統拋掉。他則說，我用的是技術產品，不是科學產品。這種說法，乍聽起來，似乎有些道理。但他忘了，這個「技術」有個前綴，就是「科學」。這些產品，是在科學思想的指導下，通過科學的技術手段生產出來的。

或許有人說，宗教信仰有維繫人類道德的作用。這種說法，也是宗教家宣教的一種說法。沒有宗教信仰的人，道德高尚者肯定不會比有宗教信仰者少。因爲道德這個問題，是沒有上限與下限的。人爲地爲道德設一個下限，那就是法律。在現代社會中，法律是道德的底綫。只要不觸犯法律，那就沒有必要刻意地用道德來要求别人。當然，我們可以講公德，講私德。但這些没有明確的標準，全憑個人的觀點來判定。

把丹道與宗教信仰混爲一談，這是歷史的問題，說起來比較麻煩。最早將丹道修煉進行科學化研究的，是二十世紀初陳攖寧先生等人。但真正由政府組織，將這種文化進行科學研究，是在一九四九年前後。特別是在一九四九年十月以後，古代丹家修煉中有助於醫療保健的內容，被冠以「氣功療法」之名，進行相當廣泛地推行，並在很多醫療機構進行科學研究。一九六六年至一九七六年這十年間，氣功療法的研究與應用中斷了一段時期。到了一九七八年左右，氣功療法重新得到政府的推廣與人們的重視。但是，從一九七九年「唐雨耳朵認字」開始，一些後來被稱爲「特異功能」的內容也紛紛顯現於世。從一九八〇年至二〇〇〇年的二十年間，這種被命名爲「氣功」的學問，呈現魚龍混雜、正邪莫辨的局面。既有邪教組織，又有民國年間會道門之殘餘，更有一些胡編亂造的東西。當然，其中也有一些正統丹道的內容。但這些正統丹道的內容，在當時並不是主流。二〇〇〇年後，由於國家對一些不正當的氣功組織進行了清理，大多數氣功沉寂了一段時間。後來有一部分改爲私下活動，有一部分進入了宗教團體，而基本上都拋棄了「氣功」這個名號。其中一部分，便借用「丹道」這個名詞。丹道本來是頗具科學性質的一門學問，但這些「當代氣功」的流裔，由於其所宣揚的一些內容，違背科學精神與規律，故而努力向宗教靠攏。這樣，將科學問題又導入了宗教範圍，以便他們方便行事。現在的部分道醫團體與部分丹道團體，即屬於這一種情況。

丹道是一門科學，有具體的行持方法，其部分效驗已可接受現代科學的驗證。雖然當前的科學還存在一定的局限，但要理清丹道的真相，科學是必由之路，這沒有什麼可懷疑的。對刻意將丹道與宗教信仰相混淆者，不必在意。

至於是否要明白批露龍虎三家「丹法」的邪僞性，說實話，我一直在慎重思考。這種方法具有邪教性質，已無可辨駁，亦無須辨駁。但要將之清清楚楚解釋出來，需要一定的筆墨。這種方法的宣傳者會不會利用宗教信仰來爲這種具有邪教性質的方法作掩護，不得而知。但可以肯定的是，這種行爲是徒勞的。邪教性質的東西，是法律問題、社會問題，即使真的將之歸類於宗教信仰，也不會逃過人間律法的制裁。這是遲早的事，任何人都不必要抱僥倖的心理。確實有人挑釁，認爲想證明「龍虎三家『丹法』是邪教性質」不會有什麼確鑿的證據。抱這種心理者有兩種人，一是確實對這種方法不了解，一種則是確有僥倖心理。我想，這種事情還是看以後吧。

二〇一六年六月六日蒲團子於存真書齋

答某君問仙家修煉、名利、世出世間與道家、道教

「修煉」一詞，是一個極爲寬泛的概念，並不限於道家、道教。佛家、佛教、儒家、儒教，乃至回教，也都有相應的修煉法門。至於修什麼，煉什麼，各家說法不一。我們現在常說的修煉，大多是指仙家的丹道修煉而言。

丹道是仙學的一部分，其最早出現在什麼年代，已不可考。現在能見到的文字記載，最早可追溯到黃帝問道廣成子。道家成形於春秋時期，以老子爲代表；道教創始於漢代，以張道陵爲祖師。由此可知，仙家的修煉，早於道家、道教。但跟其他傳統文化一樣，仙家學說、道家學說及道教，都是同源同流，故而其實質相互摻合，也屬正常。道家尚虛靜，但也有「無爲而無不爲」之說。道教則屬於社會團體，修煉並非他們唯一的目的。可以這樣說，仙家側於重實修實證，道家偏重於哲學思考，道教則易流於迷信崇拜。

我們生活在塵世間，名利的牽絆是免不了的。只要我們能合理地約束自己的行爲，不影響他人的正常生活，則不必爲「名」「利」二字煩惱。正當的「名」「利」，並不是什麼壞事。歷代祖師所勸勉後學者，乃是不刻意追求名利、不爲名利所縛而已。譬如一家商店，

通過優質的商品、高質量的服務，獲得了優厚的回報，既方便了大眾，又豐富了自己的生活，這種名利雙收的行爲，更是應該提倡的。如果使用不正當的手段，刻意地追名逐利，則不僅容易損及他人，也會給自己造成一定的困擾。

道書雖常勸人拋名棄利，但真正做到的人少之又少。歷史上，能算得上放棄名利的，張良或許是一位。如果清代的順治皇帝真是出家當了和尚的話，也算得上一位。其他如姜尚、孔明等人，都只是以隱居爲名靜待時機而已。更多的人則是沽名釣譽式的拋捨名利。因爲拋棄名利，是在有了真正的名利以後。我們大多數人，不僅無名，還要爲生活營營以求，生活已極其辛苦，那還有能耐去捨棄呢？

仙家的正式修煉，肯定是要拋却名利的。因爲正式入室後，修煉者即不能從事其他事務，須專心一志做工夫。我們現在所見到的所謂行世間法者，大都還算不上正式做工夫。行世間法的原因，大約是行出世間法的條件尚不够，姑且遊戲世間，以待機緣而已。

仙家並非無情。如果能通過修煉，真正地成就仙體，然後回來救渡家人，也無不可。但修煉者眾，成就者寡。是故歷代祖師勸人修煉時，總是要人先全人道，再修仙道。只有把家庭事務安排妥當，方能安心修煉。

仙家正式修煉，初步工夫雖在山中去做，但尚有可能與外界聯繫。至於更進一步的工夫，乃至了手工夫，則需要到深山窮谷、人跡罕至之處修煉。這個時候，所謂的「名」「利」已經毫無用處了。

還要說明一點，仙學不是普渡性質，不是每個人都適合的途徑。我們今日學仙，首先要明白這個問題。如此，方能正確地看待仙學，更能從自己的實際出發，去研究、學習這門學問。

二〇一六年六月十二日蒲團子於存真書齋

答某先生問房中術、陰陽丹法與龍虎三家術

房中術，本來是夫妻房幃中調節之術，在早期的醫書中就用作醫學保健。這種方法，本無所謂淫邪。只是大約自宋、明以來，理學「存天理，滅人欲」思潮的盛行，使這種原本私秘的學問，被一些「道學家」所批評。客觀地講，在舊時代，特別是妻妾成群的家庭中，這種方法對於和緩家庭矛盾，增進夫妻情感，應該有促進的作用。至於有人些將這種方法用作淫邪，那是人的問題，不是方法的問題。即使在今日，能掌握一些房中術的技巧，對於增進夫妻生活的質量也同樣有幫助。這些也是有現代醫學依據的。

真正被視淫邪的，當屬房中術的下乘採補術。這種方法是在原來房中術的基礎上，設計種種機巧，企圖從他人身上「採」得某些有形或無形的物質來「補益」自己的身體。這種方法明代以來最盛。如果從中醫學及現代醫學角度來看，這種方法除了一些技巧外，大多是心理暗示，並無實際的「補益」作用。

將房中術視爲淫邪之術，另一個原因就是陰陽丹法。陰陽丹法自古就注重師傳口授。雖然有不少丹經常被認爲屬於陰陽丹法之著述，但其中細節往往秘而不宣。陰陽丹

法究竟何指，具體如何修煉，概不筆之於書。是故，自古及今，丹家常有「要知口訣通玄處，須與真師仔細論」之語。參同契如是，悟真篇亦如是。也正因爲如此，便有人望文生義，將房中術與陰陽丹法混爲一談，甚至直接認爲房中術即陰陽丹法，並對其冠以「淫邪」之稱號。其實，這種作法只是一種自欺欺人的行爲。南宗始祖張伯端早已說過，「補腦還精，習房中之術」「易遇難成」，「未得金汞返還之道，又豈能回骨換陽、白日而昇天哉」。前輩丹家，亦多言及房中術與陰陽丹法非同一事。然而，總有人堅持地將兩者混爲一談。原因爲何，不得而知。或許是不甘心這種方法的隱秘傳承，或許是自我安慰。

龍虎三家術，從現在披露的內容來看，確實是從醫學書中演化而來，談不上「丹法」。雖然此派的主張者，屢屢引用參同、悟真之言，然僅能引用隻言片語，如果用這些丹經中的其他文字質之，其等則支支吾吾。蓋因其等爲牽强附會者也。不少人曾說，龍虎三家術在過去曾存在過。對此，我在龍虎三家「丹法」析判一書中也曾有過解釋。過去存在過的，未必就是好的東西。我認爲龍虎三家術有邪教實質，是從其方法、對社會的影響及科學性上來討論的。

龍虎三家「丹法」的本質，龍虎三家「丹法」析判一書中已有相關說明。至於其涉及邪教的內容，恐怕一兩句話尚不能說清楚，以後擬專文說明。

前幾天，某媒體報導，有一借修煉爲名的邪教組織被宣判有罪。其實，詳細瞭解一下，中國歷代都有這種事情。即如新中國成立以後，此類的事件也層出不窮。除了二十世紀九十年代末清理了的那些有問題的組織外，一些隱藏於民間的組織也時有被清理者。這種抱有各種目的的組織，大多數都跟宗教、修煉有關。這是值得警惕的。

呂純一先生因爲行爲不謹慎，以致被法律制裁。這也提醒所有的學道者，應該注意自己的言行，不可孟浪行事。不少人因爲呂先生被法律制裁，即大肆批評之。然而呂先生究竟如何做工夫，究竟因何而伏法，這些則不可不作瞭解。

僅言及此，相關内容或撰專文述之。以上純屬一家之見，供參考而已。

二〇一六年六月十九日蒲團子於存真書齋

覆萬□□先生問仙學函

萬□□先生大鑒：

六月二十日、六月二十四日兩函均詳閱，然由於近日舉家搬遷陝西，未能及時回覆。這兩日回北京處理相關事宜，抽空略作回覆，僅供參考。

攖寧先生、海牙老師均未獲仙學的最後成功，這是事實，毋庸諱言。在海牙老師生前，我與老師曾多次討論攖寧先生失敗的原因，也對歷史上的諸位祖師成功與否進行過相當地討論。這樣並不是妄議前輩，而是以科學的精神探索這門旨在解決人之生死大事的學問。先生之舉，與佛教禪宗之呵佛罵祖有異曲同工之妙，不必介懷，這是研究這門大學問必須的質疑精神。

先生對生死大事能有所參悟，甚善。至於讀書法，越靈活越好。海牙老師當日與我談讀書方法時，提到順讀、逆讀、夾縫讀等等方法，其目的就在於避免拘執。先生將「罵人法」按：指批評歷代祖師當作讀書法的一種，亦未爲不可。誠如來函所言，當日被先生所「罵」過的人和事，現在已漸漸明朗，也說明這種讀書法是有效的。至於說到這種「讀」書法是否會使品德有失，我想，先生不必有這個顧慮。如果祖師們當真有所感知，也不會如此「小器」的。

攖寧先生的著作，將仙學的大致脈絡勾勒了出來。仙學必成、靜功療養法等專述工夫的著作，所述皆屬根本方法。海牙老師則是通過自身的體悟及工夫修養，對陳攖寧仙學進行了完善，其著作簡單明晰，直指要竅。這些都緣於他們二位的科學精神。仙學的研究，科學精神非常重要。

從先生諸次來函及當面交流可知，先生對玄關、鼎爐、藥物、火候諸節之見解確非一般。至於其中細節，下次有機會見面，當面討論即可。

「二七之期」、「三九不用」、「白虎首經」等說，陳攖寧先生在論白虎首經一文已有所說明。先生的理解雖非的當，然已近之。鼎器、藥物、火候名雖分三，然一真俱真，知其一即可概其餘。至於在工夫的具體運用上，有變有常，因人而異。招攝之法、河車運用諸端，當參「□□□□」，「□□□□」諸字。

清靜法的相關細節，我在陳攖寧仙學隨談（壹）一書中略有談及，先生有暇讀此書時，可以略爲留意。

蔣維喬先生當日做工夫，是因爲身體患病，所採用的方法也非真正的丹道方法。其最後得益者，除了按摩、導引等方法外，主要是靜功。至於其後來參學密宗等，他在後來的著作也曾經談到過，其他方法都是爲了幫助定功的深造。

我們現在從事社會事務的人，談不上真正的修煉。每天能打坐片刻，也僅是煉己築基而已，離正式做工夫還相差很遠，能產生這些效驗，可知對工夫的理解比較真切。

以上所言，僅是我的一己之見。

此復，順祝　夏安！

二〇一六年七月二十日蒲團子於存真書齋

答某先生問陳攖寧先生之學術研究

前略陳攖寧先生是當代道教的代表人物之一，故凡研究近代道教的專家學者，多有涉及陳攖寧先生者。也有一些研究生，將陳攖寧先生的學術作爲研究課題。

我一直關注學術界對陳攖寧先生的相關研究。但從所見到的資料來看，不容樂觀。引用錯誤的資料，甚至將一些謠言、謊言作爲論證的依據，這既是對學問的不尊重，也是對陳攖寧先生的不尊重。但這種風氣，在中國大陸的學術界，特別是一些涉及道家煉養的學術研究方面，已揮之不去。

仙學是陳攖寧先生於民國年間年倡導的學問。陳攖寧先生提倡，這門學問應該用科學的精神與態度去研究。陳攖寧先生一生著述頗豐，對仙學也有相當文字的論述，但以理論研究爲主，涉及方法者只有一部分。其中以「三不動」法與聽呼吸法流傳最廣。其他一些法門，或稍有逗露，或流傳於其學生之間，並未公開傳播。

關於劍仙口訣的第三步，我也是最近在某博客上見到的。那是一則僞造的東西，僞造者的目的何在，不得而知。其實，這類僞造的東西很多。劍仙口訣只是其中之一。如果要一一釐清，是不可能的。只能看讀者自己的智慧了。

陳攖寧仙學概述暫定名一書，從動筆開始，已歷十餘載。有幾個章節尚未完成。這些年也未有進展。陳攖寧全集的整理，也是早前的事了。「全集」現已難全。至於以後整理本的內容，尚未確定。整理是肯定要整理的了，內容也會比以前更爲豐富，而一些內容也要考慮取捨。

現在有一些人，動輒批評陳攖寧先生的學問乃至修煉方法。這個無可厚非。學術爭鳴有助於學術研究的進步，有不同意見也是學術研究常見的現象。但那些利用謠言、謊言進行所謂的「研究」者，實在不值得尊重。

最近安徽舉辦陳攖寧先生學術研討會，證道唯生，興教以學一文即應籌委會之邀而作。由於我個人的原因，這次會議我最終未能參加。我很希望更多的人，能用嚴謹的態度來研究陳攖寧先生的思想與學問。但從現狀來看，恐怕還得假以時日了。後略

二〇一六年十月十五日蒲團子於玄玄居

答諸君問仙學口訣、陰陽丹法、伍柳派等

（一）參同契確有「千周燦彬彬兮，萬遍將可覩；神明忽告人兮，心靈乍可悟」之說，但也有「三五與一，天地至精。可以口訣，難以書傳」之論。悟真篇更云：「饒君聰慧過顏閔，不遇真師莫强猜。」口訣非師莫傳，這是仙家之成例。世間聰慧之士頗多，也有人意圖從經典中悟得真訣。有這種想法，未嘗不可，但究之實際，恐難以如願。

（二）何爲真訣，很難說清楚。因爲各家所傳，各人所得，都自稱是真訣。究竟孰真孰僞，全在乎學者的智慧與學識。從古到今，凡撰寫丹經道書者，莫不以得訣自詡，甚至將自己所得矜爲至真、至要。後之學人，精於此道者，尚不免爲其所惑，普通初學之士，更難分析取捨。故口訣一說，半由緣分半由人。

（三）至若真師，自古難尋。古代仙師，頗多傳說，而近今丹家，大多正常死亡。若以年齡計之，很多所謂得「至高無上」之「至訣」「真訣」者，尚不及他們口中得「僞訣」者年壽高。而普通未修道者，亦有享年壽比修道之人高許多者。若以身份、地位計者，南宗始祖劉海蟾相傳爲燕相，初祖張紫陽則爲小吏，二祖石杏林業醫，三祖薛道光由僧入道，四祖

陳泥丸盤櫳箍桶爲業，五祖白玉蟾年少即入道門。貴爲宰相，賤業箍桶，均紹丹道正脈，可知丹道非以身份、地位爲依據。今者迷信學界人士者有之，迷信民間傳承者亦有之，均非的見。

（四）以愚之見，求師問訣，當持平常之心。未得訣前，當思自己何德何能；已得訣後，當思自己能否擔當。否則，得與不得等。

（五）古人嘗言，得訣之後立躋聖域。此當指境界與見識而言，非指得訣即成仙。得訣之後，尚有相當時間的修、證工夫。須知，修道學仙，法、財、侶、地，缺一不可。故海牙老師尚加一「福」字。神仙不是憑空成就的。

（六）陰陽工夫的用鼎、採取，均是象言。愚曾言：「不要妄想從他人身上討得便宜。」這是陰陽工夫的根本。只是不少學道者，迷惑於採補、用鼎，認爲非從他人身上得到利益不可。這種見解，或與自身所得有關，或與學識有關。

（七）有人言：「靜定中先有一輪明月出現在天目前，後有一輪紅日昇起和明月合併。」又有云：「有一種像明月一樣的東西出現在眼前，睜眼閉目均能看到，慢慢這個明月化爲一滴一滴的甘露落入口中。」其實，這些只是對丹經文字進行文學性理解而已。丹經文字，多是取象譬喻，非爲實指。然一些讀丹經者，未得師指，不求甚解，僅依文字表面意思進行理解，難免有如此說法。更有執此說爲的旨，行功時妄動意識以臆想此境象者。如此做法，不出意外，已屬萬幸。

（八）張三丰全集，現在流傳者，惟李涵虛所編輯者。至於這些内容究竟是李涵虛的作品，還是張三丰的原著，已無可考。汪錫齡刊本，只李涵虛有所提及，世無刊本流傳，亦難確定是否真有。

（九）李涵虛呂祖年譜海山奇遇，雖稱源於呂祖賓翁自記、陸潛虛道緣匯錄，然亦有不少自己的手筆。如度冷生一節，即爲自己量身打造。純陽先生編年詩集中，亦有呂祖與李涵虛唱和之作。究竟是人爲，還是「神降」，值得思量。

（十）伍沖虛、柳華陽二位先生的著作，以自身修證爲依據，凡事靜坐者，當熟讀之。伍、柳二人的方法雖非上乘，但若能味得其中細旨，對於修養一道，亦頗多益惠。惟伍、柳方法，須於實證中參悟，僅讀其文，恐隔靴搔癢，難得其真。

二〇一六年十一月廿二日蒲團子於玄玄居

覆某先生論陳攖寧先生、胡海牙先生仙學之構建

原文　根據現有資料，似乎可以得出一個結論：陳先生學問、人品都没的説，但對人情世故，入世營謀，取捨之間上，有點過於清高。加上世道大變，更加應對不來。故而自己的修爲上，抱憾而終。然而作爲一派學術，甚至修行學派的開創者，或者偉大人格的實行者，是令後人感念敬佩不已的。相比之下，胡老先生其實在方方面面都有所進步，知行合一上，實踐了更多的理論。且以醫道濟世自立，故而個人修爲和世間立身處世之道，還有對後人的啟發上，其實是青出於藍。雖説未能完全成功，但也可説是更進一步，生死之際更爲從容不迫。

蒲團子按　攖寧先生是晚清的秀才，在他身上，有很濃的文人狷介之風，也注定在入世謀求上有所欠缺。在學術上，陳先生大氣磅礴，而生活上，則謹小慎微。

記得海牙老師曾講過，陳先生是吸煙的。但每次家裏來客人，他從來不主動敬煙。自己想吸煙的時候，伸手從兜裏掏出一支點燃。海牙老師建議他，以後有客人時，至少得向客人示意一下。陳先生只是笑笑，以後依然如故。又，海牙老師

業醫，針道尤精，陳先生則屢勸海牙老師從事道教研究，放棄醫學。因爲他怕出現醫學事故。而當初浙江省文史館欲延其加入時，他老人家則明文提出，他希望文史館幫他完成一些研究工作，否則不必加入。雖然後來被友人勸說加入，這也可以看出他的一種性格。說到修行，陳攖寧先生到北京後，在給浙江諸友的信中，提到他過得最安逸的幾年，就是在杭州的那段時間。能修養，能研究。後來的工作很忙，無暇從事修養。

攖寧先生經歷了晚清、軍閥混戰、抗日戰爭、解放戰爭及新中國成立之初的各種歷史時期，對他的修養功業肯定是有影響的。從他的文章中不難看出，「買山」「買山」，應該是很希望入山靜修的。新中國成立後，則無法繼續嚴格意義上的功修了。而進入中國道教協會擔任職務，更加無暇修養。海牙老師的兒子曾經回憶，當年他想去攖寧先生身邊玩一會兒，也會被海牙老師擋在門外，怕其打擾攖寧先生的工作。

海牙老師的生活軌迹與攖寧先生不同。攖寧先生是因病學仙，海牙老師則是因爲好奇學仙；攖寧先生是因爲仙學方法讓自己身體得健而宣傳仙學，海牙老師則是歷盡旁門後纔一意仙學。海牙老師師從攖寧先生，既得到仙學的指導，其又參訪多位武術界師友，得到內家拳的要義，加之其多年的醫學臨床，所以在修學上更進一步是必然的。

至於在啟迪後學上，陳攖寧先生側重於理論完備，胡海牙老師則側重於語言簡潔、方法易行。

兩位老先生都沒有成功，其間值得思考的東西很多。海牙老師生前對此也是毫不諱言的。

原文　胡老先生構建的在世修行系統架構更加完善，更有可操作性。其實出世修行之道，千百年來估計差別不大，真正對世人有價值的，還是在世修行的正道。

蒲團子按　這個跟海牙老師的知識結構有關。海牙老師對仙學的解釋，第一步是健康，第二步是長壽。在我們現在還不能進行正式修煉的情況下，先要保持肉體的正常。這也就是陳攖寧先生所謂的入世仙學。海牙老師還有一個「世內桃源」的構想，只是限於種種因素，未能完成。我與幾個朋友也想在「世內桃源」構想的基礎上，更進一步，但不知何時纔能實施。「世內桃源」的目的，也就是創造條件在世間行出世間法。

先生對陳攖寧仙學研究有年，所見均有值得讚嘆之處。

二〇一七年一月二十三日農曆丙申年臘月二十六蒲團子於玄玄居

答某先生問聽息

原問　靜坐聽息的時候，慢慢的開始能聽到鼻中呼吸的聲音，這時候是否可以專注於聽呼吸的聲音？

答曰　心齋法原文云：「無聽之以耳，而聽之以心，無聽之以心，而聽之以氣。聽止於耳，心止於符。」陳攖寧先生云：「把心裏的念頭集中在一處，不要胡思亂想，等到念頭歸一之後，就用『聽』字訣，但不是用耳聽而是用心聽。這還是粗淺的說法。就深一層工夫講，也不是用心聽，而是用氣聽。到了這樣的境界，耳聽的作用早已停止了，神和氣兩者合而爲一，心也不起作用了。」先生的階段，當是「耳聽」。耳聽、心聽、氣聽原是一片功夫，從先生的境況來看，只用「止」即可。不用專注於呼吸，亦不專注於聽，如鷄抱卵，不沾不滯，聽其自然而不任其自然即可。

供參考。順祝春節愉快！

丙申年除夕蒲團子於玄玄居

答某先生問「靜功聽呼吸法是否靜息法門」

靜功的聽呼吸法門，是陳攖寧先生從莊子一書心齋法改編而來。稱之爲「心齋法」也可，稱之爲「聽呼吸法」或「聽息法」也可。至於「靜息」一詞，我不太清楚。後來在網絡上搜索了一下，似乎是某教材中的內容。我已記不清楚後來胡海牙老師的仙學指南中是否有這個說法。當年三次所謂的「函授」，只有第一次是海牙老師事先知道並指定部分材料的。後兩次海牙老師都是事後纔知道的。我的印象中，海牙老師没有「靜息法」之說。是否其他人有此說法，我不清楚。

二〇一七年二月八日農曆丁酉年正月十二蒲團子於玄玄居

答某君問「神仙」

丹道修煉的目的是成仙，成仙的目的是解決生死大事。這在歷代丹道典籍中有明確的記載。至於通過丹道修煉是否能成仙，現在沒有直接的證據。我們所看到成仙記載，大多來源於典籍，而很多記載經不起分析。近今也有一些所謂成仙的記載，同樣是只有傳言，且傳言漏洞百出。

「神仙」一詞，有廣義的說法，有狹義的說法。廣義的說法，包括仙家的神仙、道教的神仙、佛教的神仙、民間的神仙；狹義的神仙，則專指能修成陽神出竅的「神仙」。鍾呂傳道集載，仙有五種，曰鬼仙、人仙、地仙、神仙、天仙。這裏的鬼仙，即指修煉者通過修煉陰神出殼而言；人仙，指修煉者通過修煉可以達身體康健、壽命延長；地仙，指修煉者通過修煉而達到長生不死、永久駐世；神仙，指修煉者在地仙的基礎更加精勤用功，達到身外有身、陽神出殼、脱質昇舉的境地；天仙，指地仙於人間傳道，廣修功德，得天書詔，身返洞天者。鍾離權更云：「人仙不出小成法，地仙不出中成法，神仙不出大成法。是此三成之數，其實一也。」這也說明，五種仙果，只是境界的問題。而張紫陽悟真篇曾云：「學仙須是學天仙，唯有天仙最的端。」可知，張紫陽覺得「神仙」尚不圓滿，唯有「天仙」纔是學仙最應該追求的目標。需要注意的是，鍾離權的這段論述中，沒有「白日飛昇」一說。而從其對神仙的論述來看，白日飛昇一層，似乎也可歸於神仙層階。天隱子中也有五種仙說，與此說略有不同。此外，還有大羅金仙等說法。

民間的神仙，有信仰的成分，也有迷信的成分；佛教的神仙，是學佛者死後的果位；道教的神仙，既有信仰或迷信的成分，也有修煉的成分，是民間神仙與仙家神仙的結合體；仙家的神仙，或專指陽神出竅而言，或兼五種仙籠統而言，均是通過真修實證所得。

這些都只是理論上說法，現在的人，鬼仙都達不到，其他幾種仙就不用說了。所以，丹道被現在人視爲養生術、醫療術，甚至只是一種信仰，也就在所難免了

「神仙」一詞，要更深入研究，還有很多內容。

前些天有朋友跟我說，我這樣的言論是不是會打擊一些學習丹道者的積極性。說實話，我也希望典籍中記載的都是真的。

對於丹道，我認爲還有很多問題需要釐清。丹道經過幾千年的歷史，從現在的一些研究來看，前輩們的很多東西是需要重新思考的。特別是一些不合理的東西，需要淘汰

的東西，應該剔除。丹道真僞相雜幾千年，沒有必要再繼續這樣下去了。

修煉的人，古時候也稱之爲修真。既然是修真，起碼得說真話。真話不一定對，但總比假話要好一些。哄騙欺瞞，是立不住脚的。

二〇一七年二月二十日農曆丁酉年正月廿四日蒲團子於玄玄居

答某先生問口腔異味調理方法

問　口腔異味，通常如果非口腔問題，就是消化道的問題嗎？　上次看到先生博文提到，持續吃大米粥、饅頭、涼菜，不吃葷食，則數日而痊癒。不知道這個方法是否可以普遍採用，其醫理又是什麼呢？　是否因爲葷食勞累腸胃不得休息，滋生虛火，清淨素食則可修養身心，則自身抗病力可逐步恢復之？　因家父年輕時有胃潰瘍，後痊癒，但長年嗜好指天椒沾醬油，最近持續數年口腔有異味，擔心腸胃有慢性炎症。曾建議家父多吃生藕、萵筍，少吃辣椒，但效果不明顯。故此想請教。

答　誠如先生所說，口腔異味，一般有口腔問題與消化道問題。究竟屬於哪一種情況，需要經過診斷方能知曉。如果確屬胃腸疾病，飲食上可以考慮清淡一些，如熬粥，食饅頭、涼菜，禁葷食。如果是口腔疾病，則需要根據具體情況處理。但也要少食用刺激性食物。

以米粥當藥，這是中醫治療的延伸。因爲人的胃，是攝取人體所需營養的主要器官，也是最直接的器官。無論何種飲食，都要經過胃腸系統的消化處理。肉類葷食，刺激性食物，對胃腸黏膜的刺激較大，容易給胃腸系統造成負擔。粥類則對胃腸的刺激較小。特别是大米粥，在中醫學中有補中養胃、和五臟、通血脈、止煩、止渴等作用。如果確屬胃腸疾病引起的口腔異味，用大米粥，可以温養胃腑，稀釋、中和胃内其他不易消化食物產生的毒素，減輕胃黏膜的負擔。我們普通所謂的淺表性胃炎，可以用這個方法。我的經驗，大米粥熬的時間要長一些。最好用砂鍋、陶器熬制。取大米若干，加適量水，大火燒開，小火熬兩小時以上，讓粥呈自然黏稠狀即可。熬的時候，可以根據自己的喜好，或加適量的紅薯，或加適量山藥，或加大棗。佐以饅頭者，北方饅頭甘甜鬆軟無異味，經過牙齒的咀嚼後，對胃部不會產生强烈的刺激。在中醫學中，小麥有補虚、益氣、助五臟之功能，故而佐粥最佳。至於小菜者，蓋恐飲食太過平淡而食用者不肯下咽，故佐小菜以助之。

令尊長年食指天椒，對胃腸之刺激自不待言。然此是長久以來的生活習慣，要完全戒絶也不必要。只需建議他少食爲妙。至於其口腔異味問題，最好先到醫院進行相關的檢查。如果屬於淺表性胃炎、慢性胃炎之類，可以中藥與食療相佐。也可以平日飲食大棗大米粥或山藥大米粥等。指天椒則應控制在最小量。這樣對胃腸當有益處。

二〇一七年二月二十三日農曆丁酉年正月廿七日蒲團子於玄玄居

答某先生問靜功「三不動」與「補虧法」

問 靜坐法門三不動和補虧法守下丹田，這兩個方便法海牙師均有相應的文章，也都是靜功，但有差異。我自身實修中，感覺兩者有聯繫比如有時坐着坐着，本來是靜功，中間又轉到守下丹田去了，這兩種方法是結合爲好，還是分開爲好？

答 靜坐法具體用工，因人而異。三不動法是常法，且人人能做。意守法是變法，有的人適合，有的人則不適合。從先生的具體情況來看，「三不動」與「守丹田」並不衝突，且相得益彰，說明這兩種方法結合比較適用於先生。故不必在意理論上有無依據，只需按當前的方法做下去即可。如果以後又有新的體驗，可因時制宜，再做修正。工夫是活的，不必死守教條。

二〇一七年三月十四日農曆丁酉年二月十七蒲團子於玄玄居

與某先生談宗教相關問題

印度電影我的個神啊，是對宗教的一次深刻反思。他針對的是宗教一些外在的東西，並不一定是反對宗教的真義。每一個正教，他們的教義都是導人趨善的，這無論從宗教意義，還是社會意義，都是積極的。同樣是宗教信仰，同爲印度電影的小蘿莉的猴神大叔中，主人公就是一個真正的宗教信徒，而他的行爲也闡釋了宗教的真義——誠實，善良，無私。所以，從古到今，一些有見識的宗教人士，總是在努力地研究、弘揚其所信奉宗教的真實意義，即正信的宗教。比如佛教，就有「一切眾生皆具如來智慧德相，唯以妄想執著不能證得」「若以色見我，以音聲求我，是人行邪道，不得見如來」等論調。這些也就是明確地指出，不要去向身外求，要看看自己的妄想執著還有沒有；不要去磕頭作揖、聲聲哀求，那是邪道，見不了「如來」的。又如道教，是通過丹道修煉、醫藥調養、內家拳法來悟道、證道的，如果能通過禮經拜懺就能成就神仙，丹道也就沒有什麼可貴的了。所以，自從近代科學之風吹入中國以來，各種宗教都在試圖用科學的方法來詮釋其所信奉宗教的真義，也出現了真信、正信等思潮。這是歷史的必然，不是那些崇古守舊者所能阻擋得了的。

信奉宗教，不在於口中說什麼，而在於實際做什麼。信奉經典，崇尚經典，對於宗教徒來說，無可厚非。但是他們自己是不是信守奉行，這纔是最重要的。至於三洞真經是否不容置疑，作爲教徒，他們有權利對自己宗教的祖師及經典篤信不移，但也要能正確面對外界的質疑。

不論是佛教還是道教，口中崇尚經典，而實際行動却與經典不合者，爲數不少。這些人中，往往用祖師的戒條去約束他人，而事關自己的時候，却全然忘了祖師們的教誨。這些人雖披着宗教信徒的外衣，但與真正的信徒是不一樣的。

無論什麼人，都要尊重每一位祖師，尊重每一位真正的宗教徒。但要有自己的「眼睛」。尊重不等於要盲從。

在當前，宗教是化解社會矛盾、追求人類和平不可或缺的力量，但這種美好事物，也往往會被一些不善之輩所利用。邪教分子，也經常借助正教的名義而行邪惡之事。更有旁門左道、江湖騙子等，也大都依附於宗教名下。這些纔是宗教真正的破壞者。

二〇一七年三月二十一日農曆丁酉年二月廿四日蒲團子於玄玄居

原函

看到先生的推薦，我就去看了我的個神啊，發現事實上這部電影闡述的觀點與我的內心相適。第一次去道觀之前，我找了白雲觀的視頻，是介紹進道觀諸事禮儀的，有個部分說的是禮拜的時候心中要默唸「弟子中華人民共和國某某省……求某某事」，結果我在祖師神像前致禮時不知道求什麼……後來心想確實沒什麼好求的，以後參拜就不在心裏有念頭了。今天我在「知乎」上因爲梁道長的觀點起了由頭而與某道士討論。其實本來我對道教還是存有一定幻想的，認爲至少還有道教不是迷信的。然而這位道士還是讓我打破了幻想。他說：「三洞真經可能存在缺漏，但是內容是真實不虛不容置疑的。沒有這個基礎就不算道教徒。連自家經典都不信，修個啥？人的知見是有限的，但聖真的智慧是無窮。經爲載道之體。入門就是要對經典信受奉行。經上說啥，祖師說啥就做啥。等真正深入了再去思考祖師爲什麼這樣說。如果做都不去做，反而以自己淺薄的知見，去對真經和祖師指指點點，那就不是門中人，還是洗洗睡吧。……北五祖初祖就是東華帝君轉世。紫陽仙師說自己前世乃是九皇真人。」儘管我很能理解他的話，但實際上還是比較失望的。這大概是爲什麼梁道長的文章會讓他們上竄下跳了，那簡直是顛覆了他們的世界觀嘛！ 雖然我查了一下，三洞真經大概也是扶乩之類的方法弄出來的，可是人家有「內部方法」驗證是不是真經，我感到有點無話可說，也就不再討論了。不過我似乎清楚了一點，道教的天尊，也類似於他教的上帝之輩吧？

答某先生神氣合一、橐籥等四問

問一　神氣合一、心息相依是什麼意思？是否神在氣裏、氣包神外？具體如何運功？

答曰　「神氣合一」「心息相依」與「神在氣裏，氣包神外」的意思大體一致。神氣合一，也可以看作是精神與肉體協調一致，精氣神三者合而爲一，相抱不離。心息相依，雖然有「息」之一字，似乎應與呼吸有關。事實上，真正做到「心息相依」的地步，也是精氣神三者相抱不離。這與「神在氣裏，氣包神外」是一個意思。統而言之，即「相抱不離，混合爲一」。在生活中，我們專心致志於某一件事時，經常會出現神氣合一、心息相依的現象，只是大多數人並不注意而已。比如畫畫或寫書法時，在運筆過程中，往往書畫者並沒有呼吸。有時候一筆下來有較長的時間，也沒有呼吸出入，且並不會感覺到胸部緊迫或憋悶。我們在針刺治療時，進針後施術運針時，往往也會自然地沒有呼吸。因爲這個時候精神比較集中，所以纔會出現這種現象。能體會這種現象，也就容易明白什麼是神氣合一。

我將神氣合一、心息相依分爲兩個概念。一個是用工的方法，一個是工夫的境界。用工的方法，現在常被人們提到的，有陳攖寧先生提倡的「三不動」法、聽呼吸法，胡海牙先生創編的聽皮膚法，徐海印先生的鼻外虛空法。這幾種方法，除「三不動」外，均與呼吸有關。聽呼吸法，其初雖有「心」有「息」，最後歸於「聽止於耳，心止於符」，即心息相依，神氣相合。聽皮膚法，雖將意識淡然地放在皮膚上，但聽的還是皮膚的呼吸，其最終也是「聽止於耳，心止於符」。胡海牙先生的聽皮膚法是聽呼吸法的一種改良，所以方法與結果没有大的區别。徐海印先生的鼻外虛空法，雖未明確提出「聽」「息」，但將意識放在鼻外徑寸，其本身也是聽呼吸法的一個變例，與觀鼻端白法、觀息法異曲同工。其結果依然是「聽止於耳，心止於符」。但這三種方法都有流弊，我還是建議「三不動」法，讓心息慢慢自然相依，讓神氣漸漸自然合一。「三不動」法、聽呼吸法、聽皮膚法、鼻外虛空法，均是用工的方法；「聽止於耳，心止於符」而致「神氣合一」「心息相依」，則是工夫的境界。當然，能達到「神氣合一」「心息相依」境界的方法很多。如意守法、數息法等，也能達到這種境界，只不過容易發生弊端。

問二　胡海牙文集中三元丹法、真空煉形法都提到「貴在收積虛空清靈之氣於身中，然後將吾人之神與此配合而煉養之」及「虛無一氣」「先天一氣」等，指的是什麼呢？是否自己「靜」之後，還要跟天地自然有感應？煉功需要兩個方面，一個是修煉自身，還有一個是身外？「鼓動巽風以應之」是不是有意念的指引或呼吸的使用？

答曰　「虛空清靈之氣」「虛無一氣」，均是指先天一氣。古語云：「先天一氣，自虛無中來。」至於先天一氣究竟何指，歷來說法不同，等機緣成熟，可當面討論。丹家嘗言，人身是一個小宇宙，天地是一個大宇宙。修煉中還有一個術語，叫「天人合一」，說的就是人與自然的感應、溝通。

至於「鼓動巽風以應之」，就涉及到火候一層了。當真火候至，應立即起動橐籥，鼓動巽風，與之相應。陳攖寧先生最上一乘性命雙修二十四首丹訣串述云：「天地之間猶橐籥，橐籥須知鼓者誰。動靜根宗由此得，君看放手有風無。」知火候，方可起橐籥。起橐籥，須知誰鼓動。知橐籥及鼓橐籥者，始能知何爲「鼓巽風以應之」。陳攖寧先生已指示明白。

鼓動巽風，非是普通所說的呼吸之類，更不是用意念。若用意念指引，或以呼吸爲巽風，已落有爲，均非的意。

問三　補虧法是一種煉習方法；　凝神入氣穴，比如丹田，是一種煉習方法；　聽皮膚，也就是把身體當做一個氣穴，是種煉習方法；　「三不動」是一種煉習方法；　數息法，也是一種煉習方法。　所有這些方法，差不多都是集中心意，專注在一個地方，然後身體有了一定的反應，但這不是真正的目的。　真正的目的是什麼呢？　佛教說：「諸行無常，是生滅法，生滅滅已，寂滅爲樂。」是體悟到五蘊皆空，然後獲得心靈自由，所謂「無罣礙故，無有恐怖，遠離顛倒夢想，究竟涅槃」。我們仙家，在這個步驟後，要做什麼？

答曰　補虧法是將意念集中在一處，屬於守竅法，但不是死守；　凝神入氣穴，不能看作狹義的意守，但守丹田法屬於狹義的意守法中的守竅法；　聽皮膚法，是爲了對治守竅產生的弊端而設，理解爲「把身體當做一個氣穴」雖有些勉强，也有些道理；　數息法跟守竅没有關係，不是將意念專注於身體某一處，但是將意識引導到了數息上。　這幾種方法，有同，有不同。　先生所說的「然後身體有了一定的反應」這個結果是没有錯的。

無論守竅、聽皮膚，還是數息，當然不是最終的目的。　這些方法目的，首先是要讓身體安靜下來，然後讓身體內部氣血運行慢慢順暢，最後再做下一步的工夫。　補虧法、守丹田法，雖然有安靜身體、順暢氣血的作用，由於在做工夫時，注意力比較集中，很可能在局部產生明顯的感覺或反應，如發熱，如跳動等。這既是正常反應，又會加快工夫的進程，但也容易引發弊端。故而要因人而異，不可萬人一法。聽皮膚、數息法，行功到一定程度，體內也會出現相關反應，然由於不是守在一處，故不容易出現弊端。

無論佛教，還是仙家，都以生死流轉爲苦。

佛祖悟得諸行無常，有生有滅，只有生滅不再，圓滿寂滅，纔是真正離苦得樂。因爲生死不再，故無有罣礙，無有恐怖，遠離生生死死的顛倒夢想，達到究竟涅槃。所以，佛教徒去世稱之爲「圓寂」，即是圓滿寂滅，脱離生死的意思。

仙家崇尚長生，故而要將身體中之精氣神等精微物質團結煅煉，使之成爲長生不死之仙體。故在靜坐工夫達到一定程度，身體出現相關反應後，百尺竿頭，更進一步，與虛空之精微溝通感應，相互摶煉，最後向生命的極致探索，以期突破肉體的束縛，成就仙體。這是丹道在此世界上的最終目的。

問四 靈源大道歌中有「元和内運即成真」一句。元和之氣流行不息，是需要自己的意念來調動，還是靜之極後自然到達？ 這裏應該還是真空煉形法的第一步，在跟虛空清靈之氣相配合煉養之前吧？

答曰 元和之氣流行不息，是工夫到一定程度後的自然結果，不需要意念來調動。單純的元和內運，可以分成兩階段。第一個階段，是在初期，尚未與外界溝通之時，僅自身元和之氣在體內運行； 第二個階段，是先天一氣，自虛無中來，與身內之元和之氣相抱不離，自然運轉，流行不息。靈源大道歌中當指第二種而言。

真空煉形法是一個整體的工夫，本不分第一步、第二步。只因各人稟賦有別，行修程度不一，故而工夫纔有層次。

二〇一七年四月十三日農曆丁酉年三月十七日蒲團子於玄玄居

答某先生神氣合一等四問

（一）將皮膚呼吸與武術的開合、吞吐對比，有一定的道理。皮膚本身具有呼吸功能，但不是人體最主要的呼吸通道。人在極度安靜的狀態下，如果將意識放在皮膚上，會感覺到皮膚在呼吸，其實還是肺部呼吸的一種形式。只不過人的意識在皮膚，而不在肺，轉移了目標而已。丹田呼吸，其實是一種訓練，將丹田與肺的呼吸相協調。人的主要呼吸器官，只有肺系，包括氣管、肺等。皮膚也有呼吸功能，但不是主要呼吸器官。中醫有「肺主皮毛」之說，大約是這個意思。丹田呼吸理論上不存在，是人爲的結果。

（二）神氣合一，心息相依，是正式做工夫時的景象。現在很多人難以達到，充其量是略涉皮毛而已。這個需要心態、環境等各方面的條件，不僅僅是方法問題。至於結果，誠如您所說，「身體和心靈都安靜了，可能有了個相同的狀態，其實就神氣合一了」。

（三）上次所說橐籥問題，是專門修煉中要用到的，具體的內容，當面尚未必能暢談，文字更無法盡述。

（四）太極拳與丹道確有相輔作用。胡耀貞先生的自發動，不能算作真正的靜極生動。用焦國瑞先生的解釋，這種自發動，是誘發動。蔣維喬先生的動，屬於靜極生動。但這兩種均不能算作六根震動。太極拳的動，是人爲地動。太極拳屬於動中有靜、靜中有動、動靜相兼的方法，所以很多人將太極拳當作丹道的一個法門。我個人認爲，太極拳僅是丹道的一個極佳的輔助法門。

至於某先生的□□□□□□□□□一書，沒有什麼實質的内容，只是對一些學術界的研究提出了些反對意見。但只有意見，沒有具體真實的内涵，故無法看出其對丹道的真實認識。

二〇一七年四月二十三日蒲團子於玄玄居

答中醫、仙學諸問一

（一）因岐軒論醫、崆峒問道之傳說，而有中華醫道與仙道之傳承，故中醫、仙學皆祖述軒皇，民間亦有「醫道同源」之語。歷代學仙者多精於醫道，學醫者亦多兼習仙道，仙學與醫學關係至密。然仙學與醫學畢竟是不同的兩門學問，雖其間相通、相同之處頗多，但宗旨與根本則大有區别。此即如世間多數孿生兄弟，同一父母，同生一時，相貌幾近，但畢竟爲兩人，此其根本之區别。常有人將醫書所載之法認作仙家方法，或將仙家方法用作醫療，都未必得其的旨。當年所謂的「某某丹法」，即屬此例。因爲他們在丹經上找不出根據，故抱定醫書，將醫家法當作仙家法。

（二）無論醫家還是仙家，自古流派紛紜，聚訟紛紛，至今亦然。指責他人之非，不可只用「懂」與「不懂」機械地評判，也不可用自家之理論去要求他家之學説，應該用真憑實據討論他人之優劣。歷史上的醫家，多犯是己非人之弊，時至今日，此風亦甚。特别是醫家與仙家，因爲在很多問題上没有統一之標準，故而凡不合於己意者，均斥爲非。我僅在文章中提出一些現實存在的社會現象，即能引起一些人士之不悦，可知門户之見的影響之大。

（三）醫學、仙學兩門學問的成才率極低。仙家自古講究一脈獨傳，雖然現在一些流派名家甚眾，表面看起來一片繁榮，但是否即是真傳的脈，很難確定。醫家亦復如是。一個好的老師，窮其一生，能帶出一兩位像樣的學生已屬不易。這是中國傳統藝業之特點，很難有效改變。

（四）學仙必須學醫，不知醫則無法瞭解身體的變化是否合乎法度。學醫又需要臨床。不經過長時間的臨床，無法深切地體會醫學之精微。唐代孫思邈大醫習業中提出很多醫家必須學習之知識。一千多年之後的今天，醫家所習之藝業要比唐時更爲繁多。

（五）純粹地學醫，並不一定要學習仙道。曾經有一些院校出身的朋友來問針灸之道，其間提到針刺需要運氣至針以達患者體內之說。即如針灸大家承澹盦先生，也曾提到過針灸需要學習氣功，從而有「運氣於針」之說。針灸的奧妙，在於手法的運用。手法之運用，歷來是針道家不傳之秘。歷代針灸書籍中，鮮有提及具體手法操作者。手法的鍛鍊，又需要從基本功逐步練習，還要知常達變，融會貫通。這些與氣功的關係並不大，更不是運氣。但習醫者可以學習一些靜養工夫。因爲靜養工夫可以提高醫者的涵養，使其在面對病患時，能有一個好的心態。

（六）人總是要死的。雖然古今中外不乏研究、實踐不死之術者，但不死之人大多存在於傳說與典籍之中，現實中很難見到。我自己學習仙學有年，對仙學方法有益於人體健康方面的知識稍有瞭解，並認爲其有科學依據，符合現代科學的相關研究成果。但對成仙，抱有懷疑態度。我希望成仙是真的，但從典籍的記載，以及現實社會的實例來看，很多成仙的事例僅僅是傳說、故事，經不起推敲與驗證。

（七）仙學是一門科學，因爲他有方法可以實踐，且能取得一定的效果。並不是說只要經過仙學的修習，就一定能够成就仙人。很多朋友與我討論仙學學術，我更多地是勸慰他們，把仙學當成一種愛好即可。

（八）仙學有仙學的口訣，醫學有醫學的秘傳。這些內容之保密，並不是因爲他們本身有什麽秘密，而是怕傳非其人。因爲這些學問，如果用之不當，會出現事故。一些人不明所以然，以爲這裏面有什麽利益牽扯。不可否認，確實有人利用這些學問的這些漏洞，謀取不正當的利益，但這並不代表這種傳授的真實意義。

（九）這些年，由於社會普遍對中醫文化、道家文化的重視，一些「鷄湯式」的文章，乃至「鷄血式」的文字大行其道，更有將夢境、臆症等病態思維當作醫學、道學正宗而宣揚者。「鷄湯式」的文章，能對一些人進行心靈的慰藉，可算是醫學之補充。「鷄血式」的亢奮，也適合於年輕人的衝動與激情。然而製作「鷄湯」者，未必真正瞭解中醫或仙學，他們擅長的是講故事。醫學或仙學的真實義，對他們來說，並不重要。現在還活躍在「鷄湯丹道」舞臺的，有的將想像、藝術構思當作丹道實踐，有的則將五花八門的學問「燴入一鍋」，聽起來玄之又玄，讓他們的追隨者心理上頗爲有得。「鷄湯中醫」更是多不勝數。更有一些人，大有「金猴奮起千鈞棒」「全無敵」之勢。這些對中醫、仙學的宣傳，可能會有些幫助，但同樣可能會使這些學問的真實意義愈弄愈錯。

（十）師弟授受，是中國一些傳統行業傳播的一種方式，至今猶有遺留。在過去，拜師需要師訪徒、徒訪師，相互要有一定的瞭解與認可，方可在推薦人、擔保人的見證下，舉行正式的儀式，以示鄭重。至於藝業上，則講求「師徒如父子」。老師要悉心教授，學習者需要刻苦學習。經常還有一些具體的要求。現在生活節奏快，古人的一些成規已不適合現在的生活。師徒授受的方式雖在，而形式已有所改變。雖然還有人堅持依古制，但更多的人則是將依古制當作一種文化現象而已。

二〇一七年十月二十三日即農曆丁酉年九月初四蒲團子於玄玄居

答中醫、仙學諸問二

（一）科學對人體的研究，雖然還未達到極致，或者說未達到人們想要的結果，但已經很深入了。它對人的外在形體、骨骼肌肉、血管神經，以至於細胞及更精微的成分，都有相當的認識。並且，還製造了很多能直觀觀測人體内部及檢查人體相關組織的儀器。有人認爲，中醫的診斷，也能達到這種水平。中醫的診斷，以望、聞、問、切四診爲主。四診斷，是經過長期的臨床實踐總結出來診斷方式，而且隨着時代的變化一直在進步。雖然它的診斷方式與現代科學的檢查方式不同，但通過長期的經驗總結，已能根據人體提供的相關信息，判斷出人體的健康狀況。這是經驗，也是科學。只是這種科學，需要進行更細緻的研究，纔能更有效地應用於臨床。但是，相對於一些疾病，比如人體内部出現贅生物，更或是骨折特別是粉碎性骨折之類，中醫的檢查，就處於劣勢。而且，一些體液的分析，相對於中醫的概念診斷，也要精細、精確很多。這也是爲什麼現在大多數人，生病以後首選西醫的原因之一。所以，我一直主張，學中醫者，一定要瞭解西醫，而不是盲目地否定、批判西醫。

（二）中醫「内證」，這種說法究竟是古來就有的，還是新近興起的，無法用一兩句話說明。關於内證、内景之類的記載，也常有發現。如果從正統的丹經，乃至佛書中，對這類東西都是持否定或批判態度的。比如「是非歷藏法，内觀有所思。履罡步斗宿，六甲次日辰」「身體日疲倦，恍惚狀若痴。百脈鼎沸馳，不得清澄居」「鬼物見形象，夢寐感慨之」「心歡意喜悅，自謂必延期」「舉措輒有違，悖逆失樞機。諸術甚衆多，千條有萬餘」，又如「不識真鉛正祖宗，萬般作用枉勞功。休妻漫遣陰陽隔，絕粒徒教腸胃空。草木金銀皆滓質，雲霞日月屬朦朧。更饒吐納並存想，總與金丹事不同」。比如「一切有爲法，如夢幻泡影。如露亦如電，應作如是觀」，又如「若以色見我，以音聲求我，是人行邪道，不得見如來」。十數年前，有位先生曾經寫了一本關於修煉内景的著作，將自身的一些體驗公諸於世，讓不少人爲之傾倒。仔細分析，很難說不是一些天馬行空的心理活動。最終，此先生也以陽壽短暫而證實，那些美妙的内景，没有什麼實際意義。即便是這種内景、内證真實存在，也只是少數一部分人的專利，既無法讓更多的人體驗，更無法爲更多的病人服務。

（三）科學是科學，宗教是宗教。科學可能會從宗教中獲得靈感，宗教也可能有科學的成分。但不能將科學與宗教混爲一談。中醫是科學，但由於歷史的原因，還殘留一些宗教的内容，而這些内容如果認真研究，其中是存在科學道理的。只有摒棄其宗教的成分，中醫纔能更爲嚴肅。而一些科學研究成果，與宗教的一些思維是相近的，但不能說這就是宗教。至少我認爲，這些應該是宗教中本身具有的一種科學思維，只是由於當時的外在環境所限，纔以宗教的形式保存下來。比如中國道教早晚課吟頌的八大神咒、清靜經及一些科儀等。又如中醫針灸中的持咒等。如果用現代科學的思維去分析，他們都有科學内涵。

（四）尊古、學古，但不能泥古。時代在發展，從古人的茹毛飲血，到現在科技社會，已經發生了很大的變化。古人有古人優秀的東西，有些東西在今日依然有其存在的價值。但有些東西必然遭到淘汰。當我們捧着智能手機，使用着互聯網絡，大肆批判現代科技的罪惡，崇尚原始人類的樸實，畫面無疑是「驚艷」的。就中醫而言，歷代醫家都有對前人經驗的總結，並有所揚棄。仙學也是如此。古人的有些方法已不適宜當前社會。而有些方法在過去可能屬於平常，在現在可能有違法紀。所以，不論是對中醫還是對仙學，都必須重新審視，而不是盲目地遵從。

（五）十六世紀法國有位名叫安布魯瓦兹・巴雷的外科醫生。他在其著作各地遊記一書中多次提到：「我爲他包扎，上帝治癒他。」大意是，他只負責盡心盡力地爲病人包扎，而能否治癒，取決於「上帝」。我認爲，醫家應該都有這樣的心態。在診斷與治療上，要做到盡心盡力，把自己的醫術發揮到極致。至於能否最終治癒，並不一定完全取決於醫者，病人的心理素質、生活習慣、思維習慣等，都會影響醫者的診療效果。所以，做好醫生的本分是最重要的。

（六）通過現代的科技手段，已可以證明仙學中的一些方法，是合乎現代科學理論的。至少可以證明，相應的方法，可以改變人體內的一些活動狀態。而這些改變，有助於身體的健康與疾病的康復，更有可能促進壽命的延長。所以，仙學修煉有益於人體身心健康的說法，應該是没有問題的。至於一些其他的效果，還需要進行深入的研究與驗證。

（七）不論是學習中醫還是學習仙學，學習者首先要有一個誠懇的態度。如此，方有可能獲得自己想要的知識。用機詐的手段，只能得逞於一時。

二〇一七年十月三十日即農曆丁酉年九月十一日蒲團子於玄玄居

答中醫、仙學諸問三

（一）二〇一五年和二〇一六年，有兩位在仙學領域頗有影響的先生辭世。他們的年紀尚輕，一位不到七十歲，一位五十歲出頭。他們二位都有廣大的信眾，也有等身之著作，很多入仙學之門者都得益於他們二位。他們去世後，依然有不少信眾。憑心而論，兩位先生對仙學、丹道及道教的推廣不無功勞，但他們的實證工夫，並沒有達到他們書中所言，或許亦未達到他們自己的期待。究竟是什麼原因？是方法問題，還是環境問題？至少現在還沒有準確的答案。有些朋友不解，垂詢於我，我只能說，「盡信書不如無書」。這不是妄議逝者，只是想從他們的事例中得到一些啟示。

（二）前幾天，經朋友推薦，看了一部與内家拳有關的電視紀錄片。觀後的第一感覺，就是這些傳統的東西，真的有一天會煙消雲散。其實看看電視臺一些内家拳的技擊比賽，就很清楚。太極拳的發人尋丈、八卦掌的身若游龍等傳說中的神技，在擂臺上蹤影皆無。甚至一些傳説中的傳統武術精彩絕技，都很難看到。而一些專業人士，通過對傳統武術的用力、用勁及老拳師們的經驗分析，就可以將這些武術的實質性内容進行提煉，然後再進行科學的整合，最後，原來的傳統方法則歸於無用。以致這些傳統武術，最終也只能成爲養生健身、鍛鍊身體的方法。這樣說，並不是否定内家拳或傳統武術的真實意義，只是想說，在科學發達的今天，要想讓這些傳統的學問能保持真實的内涵並能長久地流傳下去，恐怕需要費很多心思。

（三）陳攖寧先生、胡海牙老師，一生鑽研仙學，最終未能證得仙學在此世界的最終成就。不論在他們生前，還是在他們逝後，一直有人在認真地研究他們的學問。認同者有之，反對者有之，讚揚者有之，批評者亦有之。還有一些人，語言、文字中充滿着對二位先生學問的輕視，又費盡心思地窺求二位先生學問的真實内容即他們的仙學口訣。更有一些人，聲稱已得二位先生之真訣，四處招摇。更有甚者，對二位先生進行神化，編織一些神異迷惑他人。這些均是二位先生生前所反感者。

（四）陳攖寧先生一系一直流傳有一則信條，即「成功何必自我始」。因爲他們知道，仙學在此世界的最高成就，很難達到。但陳先生的真正學生，大多都用自己的親身實踐，驗證着仙學的實效，有的則傾其一生。雖然没有成功，但給我們留下了很多可供參考的内容。

（五）在中國春秋、戰國時期，曾經出現過百家爭鳴之局面。那個時代，是中國奴隸社會的瓦解期，還不到封建社會。從孔子弟子們記錄的儒家經典論語及莊子的南華經又稱莊子等書來看，那時候師弟、同道之間的自由爭論很爲平常。而宋、明、清的儒學大家們，也有與學生自由討論的記錄。正是因爲這些爭鳴、爭論，纔有一時的學術輝煌。而另一方面，由歷史遺留下來的禁錮思想的作派，也一直影響着中國人的思維方式與處世態度。所以，近今追求「獨立思想」的呼聲一直不斷。蓋因爲我們太缺少這種東西了。司馬遷曾經說過：「究天人之際，通古今之變，成一家之言。」我們現在很多人很客氣地遵循着前人言論，很謙虛地重復着前人的言論，很少有自己的主張。即使有，也只在私下交流，或永藏心間。這不僅僅是仙學、中醫領域存在的現象，可能其他領域也有。這對仙學、中醫這些中國傳統的文化來說，不是什麽好事情。

（六）我個人以後打算在醫學方面做一些想做的事情。現在列入計劃的，有幾本書的編纂。最想做的就是中醫小範圍内的交流，比如中醫講堂之類。這件事情的起因，是我的親友在就診時經常詢問我相關醫學知識，我則經常需要一一向他們解釋。後來覺得，能對自己的親友進行一下相關知識的普及，可能會更省事一些。當我把這個意思跟周圍的朋友談起以後，他們很感興趣。所以，這件事情以後很可能會實施。

（七）仙學小範圍内的交流，現在條件不成熟。對於仙學，我只是愛好而已。我一直認爲，自己屬於慕道者。對那些能真正身體力行實踐仙學的人士，我很欽佩。平常寫寫文章，只是談談自己的看法，以期爲同好們提供一些思路而已。

二〇一七年十一月一日即農曆丁酉年九月十三日蒲團子於玄玄居

答某先生問西派鼻外等法門

(一)原打算撰寫的西派研究一書，尚未完成。一是因爲自己俗務繁多，未能定下心來從事此書的撰述；二是因爲尚有兩種資料未能深入研究，待研究完成後，下筆方有分寸。這個計劃，原意只對西派的流派進行梳理，具體丹法上，不欲費太多的筆墨。因爲丹法重在口訣，筆墨難盡其蘊。後來因爲與一些朋友討論西派李涵虛的一些文字和丹訣，故有意對李涵虛先生的精彩之處作一些研究文字。但現在也只是一個想法而已。按我現在的狀態，西派研究之完成，尚無定期，待機緣成熟再說。

(二)某君所談之西派，乃徐海印之西派，與李涵虛之西派未必完全相同。徐海印一支，現在被視爲西派的主流。但我個人對此持不同意見。除了以前相關文字中有談及外，以後可能會專門寫一些與此相關的文章。

(三)徐海印一支所傳的方法，現在他們門內「秘傳」的內容，我們外人無從得知。但從徐海印自己的文章來看，還是有一些端倪可尋。徐海印發表於一九四八年十月一日覺有情半月刊第九卷第十期總第二一〇期的一函遍復中，曾經提到過幾個鼻外虛空法門的方便法。一是「每於靜坐時一切放下，過去未來概不追思顧慮。然後用目注視面前一物，如茶杯、手帕等小物件，隨取一物，置於目前咫尺之地，不即不離，要不費目力，如能睡着最妙，能自然速睡更妙。睡醒後精神異常舒適。蓋目之所至，心亦至焉，心之所至，氣亦至焉。此法能使心神離開色身，靜定在外面，神氣兩靜在外，空其色身，即老子『外其身而身存，後其身而身先』之秘訣也。一着色身，即生弊病；離開色身，步步得益』。是名『虛靜』。每日有兩枝香靜定，行之一月，即生效驗，三月即大得其益矣。然此乃道之前行，尚非正行」。二是「若老年喜躺睡者，即仰卧藤榻上，從屋頂懸一繩，繩之一端下垂，離行人鼻孔數寸之處，須不高不下。卧時即用兩眼注視繩頭，亦須不即不離，不費目力。若睡着即任其睡着，更爲舒適而持久，宜於老人」。三是「一少年得奇病，百方治之而不效，乃命其每日到寓所，教其安坐沙發上，面前放一凳子，凳上放一茶杯，教其靜坐三四小時，注視茶杯。少年一如其教，一月而病少瘥，三月而病全失」。這三個方便法門，也就是後來所謂的「鼻外虛空法」之入手功夫。這種工夫的源頭，應該與民國年間一些民間組織中「看香頭」的方法有關。需要注意的是，徐海印還有幾句話，即「然此乃道之前行，尚非正行」。汪師承吴太師之傳，每教人先做一月靜功，然後傳調息正行工夫也」。這些文字明確地說明，這個方法只是預備功，是汪東亭先生得之於吴天秩。汪東亭教學生時，先教做一個月的這種靜功工夫，然後纔傳授「調息正行工夫」。也就是說，汪東亭先生的傳授，是有「調息正行工夫」的，並不像今天主張徐海印一支者所說的，一切皆在「鼻外虛空」。

（四）我個人早年曾聽家中的長者說過類似徐派的法門。但當時年輕氣盛，目空一切，對這種方法只是聽聽而已。當時長輩也只言及皮毛，明言不會細說端詳。但我所聽到的，要比徐海印的「鼻外虛空」多一些內容。家中長輩所說的方法，也是從看香頭之類的方法開始，達到某境界後，需要移神內院。後面的種種工夫，是我無意中從家中長輩與幾位同道的閒談中聽來的，不成系統。但後來因爲研究西派，讀李涵虛先生的文章時，纔覺得不少地方還是有相合之處。

（五）徐海印的弟子中，曾有人也寫過關於鼻外虛空的文章，他認爲，此派的法門，「用耳在鼻外徑寸之地，靜聽呼吸出入聲，此名『反聞自息』。行時亦須『不即不離』、『勿忘勿助』，既不可過於捉緊，又不能過於放鬆。這樣順其自然地做去，自能達到神氣合一、息住陽生的地步」或「用心在鼻外徑寸之地，微微照顧出入之息，使一呼一吸微微知覺。這樣以心依息，亦能使神氣合一，發生效驗」。前一種形式，與莊子心齋法、耳根圓通法、聽息法等相仿。後一種形式，與意守法、觀鼻端白法等相仿。

（六）此派確有講「真空大定」一層。但他們的定境究竟如何，只有他們自己知道。至於身中出現反應，理論上是必然的。丹田火熱、河車運轉等，可能也會發生，但他們這一支似乎並不重視這些。至於是否會呼吸斷絕，也需要考察。如果從理論上講，這種法門做得好時，可能會出現呼吸斷絕的現象。

（七）仙家的心息相依，即是一種工夫境界，也是一種修煉方法。雖然徐海印一支鼻外虛空、真空大定法門被稱爲真空煉形法之餘蘊，但我認爲，與其專注於「餘蘊」，不如直接從真空煉形法中參悟來得真切。

（八）我不反對徐海印的鼻外法門，但不認爲這種法門是「唯此一乘，餘二非真」。徐海印的方法，是救過徐海印先生性命的，這是事實。但同樣有不少人因煉這種法門身體出現不適，甚至出現弊端。

（九）參同契講義一書書稿已送出版社，不久即會出版。依然由香港心一堂出版社出版。

二〇一七年八月二日農曆閏六月十一日蒲團子於玄玄居

答某先生丹經與修煉諸問

（一）丹道自古重師傳而輕文字，重口訣而輕理論。被譽爲「萬古丹經王」的周易參同契曾言：「竊爲賢者談，曷敢輕爲書。若遂結舌瘖，絕道獲罪誅。寫情著竹帛，又恐泄天符。猶豫增太息，俛仰輒思慮。陶冶有法度，未忍悉陳敷。畧述其綱紀，枝葉見扶疏。」這基本上是丹經著述的真實狀態。其所以要著書者，大約是擔心這門學問中斷。後世丹經雖從語言文字上有所進步，但大多數也是隱約透露，基本上没有直指肯綮者。

（二）丹道的目的，就是成仙，就是脱離凡軀，遠離生老病死。我們從諸如神仙傳、列仙傳等類的著作，只能看到一些表象。比如辟谷，比如服氣，比如服食靈藥。但具體如何行持，這些書中大多語焉不詳。後人中，不乏根據表象而創造方法者。比如，後世導引術中，有不少名目就與神仙傳、列仙傳中的人物有關。也有一些人將這些導引術視爲丹道法門。

（三）丹法最早可能只有訣，而無具體之方法與理論。因爲方法是靈活的，只要有了口訣，方法可以根據各人的具體情況來設定。至於理論，則是後人對前人方法研究得出的結果。仙學，或者說丹道，是人們對生命極致的一種探索，它早期只注重於具體的操作，而不是先從理論來解釋，然後讓人們依據相關理論去驗證的。後世丹書則是對前人丹法、丹訣的闡發。

（四）陳攖寧先生在評價丹經時，有幾句話值得深思：「道書雖不可不看，却不可盡信。有些道書是冒名僞託的，根本就無價值原注：僞託書中亦有好材料，要自己善於識別；有些道書的作者，對於此道並未十分透徹，竟大膽的做起書來，貽誤後學；有些道書，別有作用，做書的意思是要給當時幾個富貴人看的，並未曾替普通人設想；有些道書，故意閃爍其辭，指鹿爲馬，不教人識透其中玄妙；有些道書，叠床架屋，頭上安頭，節外生枝，畫蛇添足，分明一條坦途，偏長出許多荊棘；有些道書，執着這面而攻擊那面，或是篤信那面而不信這面，豈知實際上做得好，兩面俱能有成，非如水火冰炭之不能相容。設若盡信書，反誤了大事。」書雖不可不讀，但不可盡信。

（五）如果要瞭解西派，我認爲還是應該讀李涵虛的原著。徐海印雖稱汪東亭得訣於李涵虛之弟子吳天秩，但汪東亭的著作中，對李涵虛却很少涉及，甚至很少涉及李涵虛的著作。要知道，李涵虛的太上十三經註解等著作，據我所知，從清末到民國汪東亭生活的時代，就有十多個版本，可知此書曾風行一時。但汪東亭的很多著作中却少有提及。至於後來徐海印西派一支，不一定要勉强與李涵虛的西派等同來看。至於汪東亭與徐海印之異同，僅從文字上已不能判斷了。因爲汪徐二人有師徒之事實，這裏面就牽涉到丹家的口訣傳承。當然，自古及今，並不一定弟子的說法必須與老師相同。所以，他們之間有區別是正常的。

（六）要瞭解徐海印的「鼻外虛空」，或者說是「體外虛空」，最好先瞭解一下徐海印學道的經歷。徐海印當年由於身體極度虛弱，雖屢經醫藥，但病體日衰，遇汪東亭指點後，方用「外其身而身存」之道，使將敗之軀重獲新生。具體的討論，見我以前的文章。明白了這個過程，再研究「鼻外虛空」之道理，就容易搞清楚。

（七）無論何種修煉方式，總離不開調身、調息、調神三個步驟。調身好理解，就是身體的姿式。這是「三調」之中最容易解決的方面。調息、調神相對就要複雜一些。不是方法上有什麼特別，而各人的具體情況不同。比如生活習慣、性格特質、宗教信仰、思維方式、知識結構等。故，有些方法對有些人來說很簡單，但對有些人來說很複雜。

（八）心息相依的境界，大約可以說是心不離息，息不離心，呼吸與意識混合而不分，這個時候無所謂心理狀態，無所謂意識，應該是一片混混沌沌，似醒非醒，似睡非睡。這些只有親身經歷過纔會有真切地理解，語言恐難說清。

（九）凝神的原因，是因爲我們普通人的心神是散亂的，不能專一。心神散亂，不能純一，則會消耗人體的能量。此在醫學上也應該可以證實。所以，做工夫之初，除了讓身體安穩、呼吸均勻平和外，還要讓神識安靜純一。太極拳中有一句話叫「氣宜鼓盪，神宜內斂」。「神宜內斂」同樣是丹家的一個要訣。

（十）至於心息相依、凝神等，只是丹法入手時的一個過程，等身體達到一定的程度，就不必專門再做這種工夫了。至於先天一炁、河車運轉等，都是自然而然的事情，與是否意守體外沒有必然關係。

（十一）陳攖寧先生的聽呼吸、胡海牙老師的聽皮膚，其目的是爲了對治守竅法的弊端而已。相關的討論，在以前的文章多有談及。如果我們能把握好自己的身體及思維，這些方法也就不需要了。

（十二）先生所謂「煉功是實踐」，真實不虛。很多問題僅從書本是得不到確切答案的。我個人比較提倡用科學的思維來研究丹道，一要身體力行，二要符合醫學科學。先從最基礎做起，從最根本探究，然後再慢慢去驗證屬於「不可思議」的部分。

（十三）有朋友問，徐海印一脈有人稱「鼻外徑寸」爲玄關。我認爲，這只是他們的「玄關」罷了，不必執著。

二〇一七年八月四日農曆丁酉年閏六月十三蒲團子於玄玄居

答仙學書籍、信仰、中醫諸問

（一）胡海牙文集一書，係胡海牙老師生前指導我與巴特兄整理者，也是老師生前出版的唯一一本文集。海牙老師還有一些醫學方面的思想，很遺憾，在他生前没有整理出來。另外，還有數百封讀者來信及回答，也未能及時整理出來。胡海牙文集中的一部分内容，是我隨老師學習後與老師共同整理的。雖然對内容很熟悉，但現在還經常閱讀。這些文章相對比較平實，對修學也有一定的幫助。

（二）我自己寫過兩本書，一本是龍虎三家「丹法」析判，一本是陳攖寧仙學隨談此書是系列叢書，已出版「壹」「貳」分册。龍虎三家「丹法」析判一書主要是針對當年被奉爲「丹道至尊」的「三人丹法」而作。陳攖寧仙學隨談則是我自己的一些學習心得及與一些同道交流的文字。雖然文字還有需要完善者，但我覺得，内容尚可以參考。

（三）某先生是名家，其認爲龍虎三家「丹法」析判一書對張義尚先生及其「三家丹法」批評太甚，我想可能是角度的問題。龍虎三家「丹法」析判一書，主要是針對這種所謂的「丹法」而言。張義尚先生對此道大加推崇，所以，要評論此「丹法」，則不能不從張義尚先生談起。但是，後來主張此術者，其邪惡程度，已遠遠超過張義尚先生所提倡者。某先生自己的文章中，好像也認爲這種方法是「邪術」。所以，這個評價，我不理解。

（四）某先生提到，自己有一套「龍虎三家『丹法』」的資料。具體内容如何，我不清楚。這些年，社會上經常有各種各樣的「三家丹法」出現，有依附張義尚先生一支的，有自稱高於張先生者，有自稱得自仙傳者，有宣稱有重生之奇效者，諸如此類，不在少數，實在没有工夫一一辨析。

（五）丹訣自古均私相授受，其中原因種種，不一而足。不必用道德綁架，願不願意公開是個人的事情，尊重其選擇即可。歷代以來，不乏旁敲側擊、威逼利誘而求丹訣者。「丹道公有」「丹訣公開」，這是外行話。

（六）「凡人談道，神仙發笑」，我以前没有聽説過這句話。如果神仙真是這樣氣象，那還不如一些凡人有氣度，學神仙又有什麽可貴呢？

（七）龍虎三家「丹法」析判一書，尚存在一些問題。如「輸精管」一詞，是由於我自己對生理學的瞭解不够，用錯了，應該用「出精竅」爲妥。又如「修丹者」，我在書中稱其爲「外行語」，但後經查證，這個名詞在元、明時期就通用，陳攖寧先生參同契講義中就有十數次使用「修丹」一詞，可知我當時是孟浪了。還有一些評論不精確的地方。如果有機會再版，這些錯誤是需要更正的。

（八）前一段時間，發現網上有大量龍虎三家「丹法」析判的盜版書。這種比較小眾的圖書，除了網上一些電子版盜版外，很少有實體書盜版。從個人利益來說，無疑對我及出版社有妨害。但從另一個方面來看，「龍虎三家『丹法』」的問題，還是受大家關注的。

（九）今年夏天去重慶訪友，有一位朋友告訴我一件事，說某山有一方某祖師法印，這個印章，是成仙的通行證。但要獲得這方印符，不僅要花不少錢，一般人還不能獲得，需要找人幫忙，纔能偷偷蓋得此印。我認爲，這是明目張膽地賄賂祖師，也是欺辱祖師。如果這樣都能成仙，那修煉還有什麼意義呢？這跟一些愛好丹道所謂的丹道修煉者需要信仰道教是一個道理。修煉者只要德行不缺，方法正確，用功辛勤，堅持不懈，纔有可能獲得仙道的成功。如果真有祖師加被之事實，也應該加被這些靠自己努力來求證的修煉者。如果僅護持給泥塑木偶作揖叩頭、遞送「功德」以換取成仙成道者，這些祖師還有什麼可敬可佩呢？所以，修煉還得從自身一步一步做起，要有功德心，莫存功利心。

（十）胡海牙老師將中醫針藥納入「陳攖寧仙學」體系，我跟海牙老師學習多年，對中醫也略有涉獵。我認爲，學仙修道，醫學不可不了解，包括中醫、西醫。其他一些國家、地區的民族醫學、傳統醫學，也要盡可能地多瞭解一些。這樣對仙學理論與方法的完善，以及自己修學的提高，都有助益。

（十一）一些朋友希望我能在網絡上做與仙學、醫學相關的講座。其實一直有人跟我商談此事，但我個人不願意用這種形式。一是這類知識面對面交流尚未必能有收穫，網絡交流的效果很難樂觀。二是有些具體內容，必須當面示範，當面糾正，當面切磋，網絡可能達不到相應的效果。三是我們想表達的內容，没有「鷄湯式」的內容，也没有宗教式的氛圍，難免枯燥。所以，我比較傾向於小範圍、面對面式的交流。相關事宜一直在考察研究中。

（十二）我一直認爲「道醫學」是僞命題。因爲，從我現在看到的「道醫學」資料中，除了一些自以爲是的名詞外，没有真正有别於中醫的內容。而「道醫學」的宣揚者，片面地將「道醫」這個道醫，不是道士行醫的意思與中醫强爲分别，我認爲他們對中醫的實質並不了解。「道醫」可理解爲「道士醫生」，「道醫學」則很難有立論之根本。道士行醫，與現在所謂的「道醫學」是兩個概念。雖然「道醫學」已流行於某些群體之中，甚至得到一些官方組織的關注，但存在的問題比較多。

（十三）我對中醫的前景並不看好。毁中醫者，當是自稱愛中醫的人。如果中醫從業者不能認真思考當前中醫存在的問題，則中醫没有什麽前途可言，最終只可能成爲一種文化。我現在編寫相關的中醫文字，只是爲了讓更多的人瞭解一些被現在中醫慢慢遺忘的內容。

（十四）中醫講堂，只是一個計劃。這個計劃由來已久，但一直在協商講堂的形式與地址。我比較側重於書院式或者傳統式的形式，但這個投入太大，尚需要一定的場地。還有一些方式，條件也不足。所以，一直只在計劃中。

（十五）仙學講堂，現在還沒有此計劃。倒是曾經跟朋友商談過共參共學的事宜。這個範圍應該更小。地方我親自看過幾個，周圍環境都不錯。具體的場地費用，尚未進行洽談。也曾設計過其他形式，但都有缺點。

（十六）養生方法，我們有一套完整的內容。但我們的方法，比較簡單，又沒有「鷄湯」滋潤，不利於現代式的傳播，只能作爲醫療的輔助及親友們身體不適時的調整方法了。

此爲近期多位朋友提問及與相關朋友的交流內容。言不盡意，如有不妥之處，敬請批評指正。

二〇一七年九月二十六日農曆丁酉年八月初七蒲團子於玄玄居

答某先生問中醫的『心』及中醫講堂事

（一）中醫五臟學說中的「心臟」與現代醫學生理學中的「心」，有同，有不同。同者，是其具體的實體心相同； 不同者，是其對「心」的作用有不同的闡釋。中醫學所謂的「心」，不僅包括現代醫學中所說的推動體內血液循環的作用，還包括現代醫學中「腦」及神經系統的一部分功能。 所以，中醫學中有「心藏神」「心主神志」等說法。

（二）中醫的「心」，不單單指實體的心，其他臟器也是一樣。 不能把中醫的「臟器」機械地與西醫「器官」等同來看。

（三）中醫學的「神」，有廣義之說，也有狹義之說，一般是指人的精神、意識與思維等。心藏神，其就是指腦的作用而言，談不上元神、識神。 元神、識神只是神的先天與後天，或者說是先天本具之神及後天生成之神。 先天本具之神，與生俱來，但人出胎以後，受到外界的刺激，後天意識漸漸佔據主要地位，先天元神則退居或隱藏，不再起主要作用。 但人往往有「靈光一現」之時，這個時候，可以認爲是元神作用。

（四）植物人是否有「神」，須根據具體情況來看。 一般來說，植物人還存在一定的腦的功能，在特定的情況下，或語言，或聲音，或其他一些刺激，都有可能將其喚醒。在其昏迷時，是否有意識，不易斷定。

（五）中醫理論中有外感内傷之說。外感是指外感六氣，内傷則指内傷七情。由於七情刺激某些神經，從而出現了一些與之相關的臟腑反應，並不只是影響心臟。

（六）讀中醫書要有中醫的思維，不可機械地用西醫理論或現代科學理論來生搬硬套，否則是會鬧笑話的。

（七）中醫講堂的事，現在還没有確定下來。地址、方式、收費與否、具體内容等，都需要斟酌。如果正式開辦，自然公布信息。

二〇一七年十一月九日蒲團子於玄玄居

附原問

這些天學習中醫理論，用書是中醫院校普遍使用的教材中醫基礎理論。其釋「心藏神」的功能，言：「心統帥人體生命活動和主宰意識、思維等精神活動」，「心神通過駕馭協調各臟腑之精氣以達到調控各臟腑機能的目的」，「心具有接受外界客觀事物和各種刺激並作出反應，進行意識、思維、情感等活動的功能」。觀上下文，此節所言的心指的是心臟,與大腦無涉。據以前的知識,思維活動是由大腦進行的,元神藏於腦中,識神由元神「生」成,日常主事的是識神,識神似乎是虛幻、無地藏身的。世有心臟移植手術,若神藏於心,恐怕對人不太妙。然而人若遇到非常悲傷的事,就會心痛我自己的經驗,非但心痛,丹田下某處也會抽動不適。故有幾個疑問祈答。

心藏神之「神」是否是「元神」、「識神」中的「神」的概念?臟腑的自然運行是否有神運作?悲傷等心情意識爲什麽能影響到心臟呢?

觀植物人,似乎靈魂已不起作用,而臟腑功能如常,他們也有神麽?或是自然功能即足以保持生理功能?

另有一問,您之前的文章言有中醫講堂計劃,若得便,能否旁聽學習?

蒲團子按 我多年前計劃做中醫講堂,一直到今天尚未成行。當初的原因,正是因爲朋友中有不少人對中醫的理解有誤區或偏差,所以想用自己瞭解的一些知識,與諸友共同討論,儘量減少對中醫的誤解。

答某先生問煉精化氣工夫等

問　我靜坐時注意力放在呼吸上，靜坐四十分鐘時間，按照心息相依的方法，但是由於遺精而功夫止步不前。我深深理解人生如夢，我與天地宇宙相比如流浪大化，電光火石的一瞬，悲喜憂愁像做夢般一幕幕，黃粱南柯夢一般。人生無常，世路坎坷，我想窮究生命與宇宙的奧秘，況且這是個人的生死大事，萬事去如水，天地一沙鷗。我知自己生命卑微，但是我決心要尋求金丹大道。

答　您好！根據您所提供的內容，大約您做的工夫是「聽呼吸」法。這種方法做到一定程度，也會達到不漏精的效果。另外，遺精是人體正常的生理反應。您還年輕，如果是正常的遺精，沒有關係。只要不涉其他不良習慣，就可以了。如果條件允許，還需要加强身體鍛鍊。只修內功，不注重身體的鍛鍊也不行。還有，做工夫出現的不漏精，是仙家返還工夫，即將快要成濁質之元精，通過工夫的修養，返還元初本來，不使流爲濁質。這裏面很多知識，一兩句話說不清楚。我的意見，您現在先按既有的方法做工夫，並注意充足的休息。工夫是日積月累的，如果您能妥善處理，一定會有所收穫。到時候，肯定不會以「不漏精」爲目的了。

問　修成仙不是纔是生死大事嗎？

答　這個是以後的事。成仙的故事很多，但真正成仙的很少，幾乎找不到一例實在的事實出來。所以，只有掌握豐富的文化知識，再加上勤懇的鑽研，纔能知道成仙與否的究竟。如果沒有豐富的文化知識，只憑一腔的熱情，難免上當受騙，荒廢一生。

問　「仙家返還工夫，將快要成濁質之元精，通過工夫的修養，返還元初本來，不使流爲濁質。」能否詳細解釋一下？

答　在丹道理論上，人的後天濁精，是由先天元精感受到外界的刺激所化。仙家的工夫，除了煉精化氣外，還有一種是「煉氣不化精」。先天精氣神，名雖分三，實則均是先天一炁。所以，在做工夫時，時時要謹惕，不要讓身體沾惹後天雜念。也就是說，不要受後天意識之影響與刺激，這樣先天之元精就不會變化成爲後天之濁質。因爲先天轉化爲後天之時，身體上有一定的反應，這個反應叫作「機」。只要「機」一動，便需要打起精神，收拾雜念，不可隨雜念而行。這樣收攝身心，則先天元精仍歸先天，而不落後天。然後再精勤用功，反機逆用，是爲返還工夫。這既是工夫的方法，也是工夫的層次。

問　學校內難免後天雜念，一旦不慎變成後天濁質，除了返還功夫還有其他辦法嗎？

答　沒有您說得那麼嚴重。只要是正常人，雜念是難免的。生活在世俗社會中，更是無法避免雜念。您現在年紀還小，需要學習更多的知識，然後纔有可能理解這些學問。鍛鍊身體是很重要的。不要輕信什麼神異。工夫是日積月累出來的，不是一蹴而就的。

問　「使後天濁精轉化爲氣體，從身內返還，從而達到不漏精之境界。」「待得後天精足，然後用文武火薰蒸煅煉，使之氣化。」先生能否詳細解釋一下？

答　先天精與後天精的說法很多，也各不相同。有以人胎未兆前之精爲先天者，有以未破體前之前爲先天者，有以雖成年而身中未形成有形之精液前爲先天者；有以童身破體以後爲後天者，有以感淫而陽興爲後天者，有以感淫後精液排出精囊爲後天者。其中又有先天中的先天、先天中的後天、後天中的先天與後天中的後天等說。

古書有「神仙道士非有神，積精累氣以成真」之說。所謂的後天精足，即平日保養身體，不使身體有太多損耗，經常保持後天之精滿氣足，然後運用丹道工夫，武火煅煉，文火溫養，使後天之精氣化返還。這就是所謂的「煉精化氣」。

問 守下丹田有什麼好處和弊端？要注意些什麼？

答 守下丹田的好處，就是能很快把精聚起來。壞處就是容易引起性興奮，進而出現走丹即頭腦清醒的情況下遺精。要注意的是「似守非守」，不要死守。您是年輕人，用您以前用的方法即可，守下丹田的方法沒有您以前用的方法好。

問 守下丹田與打通小周天是什麼關係？

答 守下丹田，是因爲人體的精囊位於小腹。古代丹家認爲從這裏下手，可以很快將後天之精煉化，使之成爲炁體。又因爲意守丹田時，人的注意力會集中在小腹即使有意無意地守，也會將注意力集中在這裏，只是程度有所不同而已，小腹自然發產生熱感產生熱感的原理，與神經學說等有關，當熱感達到一定程度時，身體會出現一些反應。根據這些反應所示，證實是否精已化氣。如已化氣，則運行此氣沿任督二脈循行運行之法，有自然法與勉强法。因爲任督二脈爲「陰脈之海」與「陽脈之海」，可統領一身陰陽，故古丹家試圖通過任督的運行，薰蒸煉化全身因爲煉化之氣在循身運行大多數人有熱感，故古人以爲此熱感可以產生薰蒸、燒煉肉體的功能，最後達到肉體化炁的境界，也就是成仙。

二〇一七年十二月九日農曆丁酉年十月二十二日蒲團子於玄玄居

蒲團子按　此篇爲某十七八歲小道友垂詢於我者。我不建議年紀太小的朋友學習此道。然此小道友自習一段時間，且頗有收穫，故勉爲其難，僅獻一己之愚，希望能對其有所幫助。問題分數次提出，有些已經答復已經丢失，今僅錄未遺失之數則。

答某先生問某文

所示文章，略讀一過。不論從何種角度去闡釋疾病或長生之學，都是個人的自由。作者文章中所述，雖創造了幾個新名詞，但實際還是未能脱離前人的範圍。如果從醫學角度與丹道角度來看，這篇文字中，還是有不少值得思考的地方。

其一，「巫術」與「醫術」。「醫巫同源」，這已是學界的定論。無論中國還是外國，都不能否認這個事實。但需要明白的一點，即巫術是早期人類在物質條件極度匱乏、科學技術落後及對自然理解不足的情況下，產生的一種解決人們相關需求的方法和技術。這種方法當時被用作指導人們的生活生産、解除人們的病痛疾苦。隨着時代的發展，人類對自然認識的加深，巫術中實實在在的科學性、技術性的内容慢慢被剥離，漸漸發展成爲醫學等學科，而純粹的「巫術」則漸漸凋零。這是歷史發展的必然。優秀的東西必然會延續，落後的東西自然會被淘汰。所以，産生於石器時代乃至石器時代以前的針刺、艾灸等中醫傳統醫術，在今日依然廣泛應用於臨床，且受到全世界醫學領域的關注與研究，而巫術則僅成爲一種文化被保存。雖然，還有一些人將精力注意於巫術的「超能力」上，但實際上其真實意義微乎其微。另外，巫術中除了已被科學改造了的內容外，大都離不開心理學等方面的內容。也就是說，曾經在人類初期指導人類生活的巫術，在今日已沒有太多的實際意義。宗教家使用類似巫術的東西，除了宣教之外，就是利用人們對神秘學的好奇心，來發揮一些相關的作用。所以，文中對「醫術」與「巫術」的討論不徹底，還有一些內容屬於想當然。至於其將巫術與道家、修煉等牽扯在一起，也似是而非。

其二，「靈身」問題。「靈身」一詞當屬作者創意。其所謂的「靈身」，即與肉身相對應的不可見之「身」。作者將內修中的「丹田」、醫學中的「穴位」均認作是「靈身」在起作用。這種說法，與事實恐有區別。中醫的穴位學說，至少出現在兩千多年前，那時候還沒有血管、神經等現代醫學的概念出現。根據近代不是現代。一九四九年以前對針灸的某些研究，比二十世紀八十年代後對針灸的某些研究，要深入得多一些針灸大家的研究認爲，針灸經絡、穴位與現代醫學中的神經、血管等關係極爲密切。甚至有人用解剖學等手段，來研究針灸經絡與穴位的實質。根據我看到的資料，研究得很深入，只是一些研究家對其研究結果尚存在疑慮，故其研究成果未能盡情公佈。這是科學的態度，無可指責。但這些與所謂的「靈身」恐怕無關。至於丹道等傳統修煉方法，又是另一個體系。即如文章作者所引用的陳攖寧先生關於玄關的論述「玄關一竅者，既不在印堂眉間，亦不在心之下腎之上，更非臍下一寸三分。

執着肉體在內搜求，不過腦髓、筋骨、血管、五臟、六腑穢濁渣滓之物固屬非是離開肉體在外摸索，又等於捕風捉影，水月鏡花，結果亦毫無效驗」，其評論說「玄關一竅明明屬於靈身，怎能到肉身上去找呢」「這段話說得很精闢。但凡屬於靈身的竅穴，不可一味在色身上摸索，又不可離了此身」，這與我所知道的「玄關」之說不同。

其三，中醫與西醫。自清末以至於今，中醫與西醫爭議就一直不斷。其間說法頗多，很難一一釐清。文中說「西醫看不懂中醫，中醫却能看懂西醫」，此純屬笑談。中醫與西醫屬於兩個不同的體系，其間有可以相互參酌者，有無法相互認可者。從根本目的上，兩者都是治病救人之術，都有益於世人。至於方法，中醫偏重於繼承前人之經驗，西醫則側重於科學實踐。中醫經過幾千年的積累，雖然很多理論還無法與現代的醫學科學相融通，但也有大部分理論與方法已可用現代的醫學科學給予證實。也就是說，兩種醫學都是科學。只是中醫經過幾千的歷史演變，自然也有一些歷史的印跡。後人由於各種因素，未能將其中糟粕予以清除，以至於使一些應該淘汰的內容得以存乎其間。又因中醫家的學術素養歷來差參不齊，故而一些今日已不適用之方法，竟然被奉爲寶貝。現代醫學雖只有幾百年的歷史，但他們更注重於實驗。現代醫學是當前世界上的主流醫學，這不是一些奉中醫爲圭臬者所能否認的。西醫不認可中醫的方面，主要是因爲中醫理論比較模糊，而方法又靈活多變、沒有絕對的成法，所以沒有標準可言。西醫的檢查借助儀器，已能對人體的精微組織進行相應的分析，以之來檢驗疾病的發生、發展，並爲治療提供準確的參考依據。中醫的診斷治療則依靠醫生的經驗與技術，且因爲每個醫生的學識與技術之差別，診治效果也大不相同。由此可知，此文的作者對醫學認識很有限。文中更說「西醫動輒喜歡輸液，一個小小的感冒也要輸液，大大小小的醫院診所都在輸液，大大的侵犯了『靈身』隱態能量系統的陽氣，看似把病情壓下來了，實則埋下更深的隱患。原注：但西醫這對這一點完全不知情，就算美國總統生病了，也照輸液不誤，只是不敢隨便用抗生素，抗生素都拿到中國，給咱們享用了」，此又是對西醫缺乏認識的一種表現。輸液的問題，是人的問題，不是醫學的問題；抗生素的問題，也是人的問題，不是醫的問題。這些在醫學領域已很明白了，作者之說，不知從何而起。

道家、道教、丹道、中醫，這些中國的傳統文化，確有其科學合理的成分，同樣也都沾染了歷史的陋習。歷代以來，這些學問的研究者們，都在努力解析這些學問。從中醫學來看，經過歷代醫家的努力，其與現代科學的距離越來越近，這也讓其能更多更好地服務於人類。不可否認，現代醫學或科學也有着不足，但也在無時不刻地進行改造與完善。我們今日學習或鑽研我們喜愛的學問，不能抱着盲目自大、目空一切、自以爲是的態度，應該更多地學習瞭解其他學科方面的內容，然後再客觀地看待我們喜好的學問，這樣得到的東西，可能會更實際一些。

我不反對此文作者的初衷，但其行文不嚴謹之處頗多，故將我的意見略陳於先生，僅供參考。

二〇一七年十二月二十三日農曆丁酉年冬至後一日蒲團子於玄玄居

覆某先生關於周易、占卜等問題

關於周易一節，我最初也往「易理」一層考慮。但此處「周易」二字，與灼龜、五兆、六壬同列，可知僅以易理理解，未必符合作者本意。所以，我認爲這裏的「周易」，是指占卜之術而言。因爲，從現有的資料來看，灼龜、五兆，確爲占卜之術無疑。孫思邈爲唐人，其在漢之後，所以，他所見到的周易是漢人所編，不足爲奇。「揲蓍法」採自朱熹的周易本義的筮儀。朱熹爲理學的代表人物，可知這裏解釋爲占卜也無不可。何況，孫思邈生活的時代在理學出現之前，視周易爲占卜更沒有什麽不可。

六壬之術，究竟是什麽，現在很難說。本身這些東西，都跟數學、天文、曆法等有關。至於說六壬與子午流注、五運六氣等有關，我個人没有這方面的研究。再者，真正的針灸，内核與子午流注、五運六氣關係不大。現在所見的六壬書籍，都以占卜爲主，而此文中其與灼龜、五兆等同列，所以我認爲其亦指占卜而言。

我個人將占卜與古代的術數視爲等同，因爲他們裏面都有跟數學、天文、地理、曆法相關的內容。所以，我在多數文字中提到，這些學問可以研究，但不能執迷，要客觀對待。

再說帝王之師。帝王本來就掌握着最好的教育資源，本來就應該賢比堯舜，他們沒有做到，是人的原因，不是資源的問題。至於御醫、壽過百歲等，這些有其他因素。至於帝王與占卜，古代，不論中國還是外國，都有專門司職占卜的官員。

自宋元以來，四書五經爲文人入門必讀，易經爲諸經之首，貴爲帝師，如果不通易經，是否有資格爲帝師，還不好說。至於他們是否不屑於占卜，無法判定。所以，您的這種論斷，我不完全認同。

帝師、宣統、張作霖一段，是海牙老師的原話。至於說到預測到結果以後能怎麼樣，這種說法也是現在常見的一種思想。首先，我們要肯定他們能預測準確纔行。至於您的例舉的日本那位先生，我認爲也不具備代表性。因爲對大事件來說，根據一些經驗與敏感就可以判斷。我們自己就曾預測過幾起大的事件，而且非常準確。跟周易沒有關係，與占卜也沒有關係，純屬自己的知識與觀察。從這種角度來看，「占則必中」的說法，有可能，但也不可靠。有可能，是通過相關的知識，可以預見一些事情的發生與走向，這是可能的；不可靠，是這種東西的驗證機制不健全。當然，還要看占的是什麼事情。

今人攻擊丹道家壽命不長，是因爲丹道家吹牛的太多了，他們自己不努力，還怕別人質疑，沒有這種道理。

這是我的看法。

二〇一七年十二月二十四日蒲團子於玄玄居

答某先生問「三不動」與中醫

問 三不動法是不是只要保持身體不動就行，雜念任憑它去，不用聽呼吸？研究仙學，中醫需要學到什麼程度？

答 「三不動」法的第一步是身體不動。所謂的不動，是儘量不要亂動，絕對的不動很難做到。至於念頭不動、忘記有「我」，是功夫層次的問題。聽呼吸是陳攖寧先生爲了對治一些人無意守則不會用功的現象而設。雜念不用管，慢慢會減少。至於學仙者研究醫學，越深入越好。研究中醫最好能有臨床實踐，這樣學得快。當然，好的老師、好的思維方式，也很重要。

二〇一八年三月三日蒲團子於玄玄居

答某先生問因是子靜坐法

因是子靜坐法是現在大多數做靜坐工夫者都不能繞開的內容。可以說，蔣先生的這幾本書，幾乎囊括了現在大多數靜坐法的精要。而且，他的書也是用比較科學的眼光寫的。我在這本書的前面寫了幾句話，其中有一句，就是必須把這本書從頭到尾看幾遍，這樣可以瞭解蔣先生對靜坐法認識的改變。至於佛學的神迹，蔣自己也說只是自己的體驗。這些不是這本書的關鍵。

所有靜坐，都是工夫的積累。没有一蹴而就的。

我並不是推崇因是子靜坐法，只是現在還没有用這種相對冷靜的態度與方法撰寫關於靜坐工夫著作者。

凡學靜坐功夫，這本書是必讀的。如果按照其方法行持，也會收到健康身體的效果。就像學丹道的，伍柳仙宗是必讀的。因爲那是前人真實踐行的記錄。

二〇一八年七月八日蒲團子於玄玄居

答諸友問仙學書籍、修煉等

（一）某君整理的古書隱樓藏書，從點校到一些評論，均不敢恭維。閔一得著作的精要，在文字的夾縫中。這跟他的經歷有關。閔一得金蓋山一派，應該是有實在東西的，但從閔一得的著作中不易發覺。

（二）陸西星的三藏真詮，臺北自由出版社有影印本。陳攖寧先生的法藏總抄，是三藏真詮的匯校刪訂本。至於完整與否，以及其中的實在內容，仁智之見，不可强求。

（三）追求長生，是人類共同的話題。無論宗教，還是科學，都想探究人類能否長生。但從古到今，所謂的中外神仙，都經不起推敲。即使真的有仙人，也絕對是少之又少。不像現在的一些小道消息，今天這裏出了個仙人，明天那裏又有人飛昇。隨着個人信息管理制度的完善，這種故事會越來越少。所以，我的多數文章，是提醒大家不要迷信，要理性地去學仙。在這個基礎上，去看古人之書，效古人之法，行古人之道，以圖在生命上、精神上有所昇華。如果僥倖，或可證得神仙。

（四）我對仙學的研究也罷，整理也罷，目的有幾種。一是我自己喜歡這門學問，並不一定想在這門學問上有什麼收益。二是古老相傳的一些文化很有意思，一些典籍也瀕於流失，把它們整理出來，讓後來者有資料可參考。三是人類對神秘文化本具的一些思維。四是覺得了解秘密本身也是一種享受。至於讓其變爲經濟產物，不是不可以，但不是唯一的目的。

（五）仙學是我的一個愛好，這個愛好可能會伴我一生，但我還有自己想做的事。這是個人選擇的問題。我公開發表的各種文章，基本上都是在探討仙學中丹道與中醫方面存在紕漏的地方，旨在讓同好能多一些思考，不輕易盲從而已。

二〇一八年八月十二日農曆七月初二日蒲團子於玄玄居